ELISABETH ENGLER

DAS SIRUP KOCHBUCH

100 feine Limonaden- und Getränkekonzentrate aus Früchten, Blüten, Kräutern und Gewürzen

Comp Book Verlag

Bibliografische Information der Deutschen Nationalbibliothek:
Die Deutsche Nationalbibliothek verzeichnet diese Publikation in der Deutschen Nationalbibliografie;
detaillierte bibliografische Daten sind im Internet abrufbar über
http://dnb.d-nb.de

Originalausgabe
1. Auflage 2018
ISBN 978-3-934473-47-8

Text: Elisabeth Engler

Comp
Book
Verlag

Herausgeber:
CBV Compbook Verlag
Karl-Heinz Engler Dipl. Ing. (FH)
Kirchbergstr.17
D-85402 Kranzberg
www.compbook.de
Email: compbook@gmx.de

printed in EU

Bildnachweis
©
S. 5 karandaev/Fotolia.com; S. 6 yuliiaholovchenko/Fotolia.com; S. 9 oksix/Fotolia.com; S. 12 elmowski/Fotolia.com; S. 14 agneskantaruk/Fotolia.com; S. 18 kasia2003/Fotolia.com; S. 21 Hetizia/Fotolia.com; S. 23 Melica/Fotolia.com; S. 24 dgmphoto/Fotolia.com; S. 25 PhotoSG/Fotolia.com; S. 27 Natasha Breen/Fotolia.com; S. 29 komarinansk/Fotolia.com; S. 31 Cherries/Fotolia.com; S. 33 Ali Safarov/Fotolia.com; S. 35 Irina Lepneva/Fotolia.com; S. 37 VICUSCHKA/Fotolia.com; S. 38 syntheticmessiah/Fotolia.com; S.41 saharosa/Fotolia.com; S. 42 Christian Jung/Fotolia.com; S. 43 Amaro/Fotolia.com; S. 45 Matucha 12/Fotolia.com; S. 47 ricka_kinamoto/Fotolia.com; S. 49 Peredniankina/Fotolia.com; S. 50 ExQuisine/Fotolia.com; S. 51 Fotoknips/Fotolia.com; S. 52 Vimart/Fotolia.com; S. 53 Thomas von Stetten/Fotolia.com; S. 55 Pixelrohkost/Fotolia.com; S. 59 Angela Blank/Fotolia.com; S. 61 marcin jucha/Fotolia.com; S. 63 Sergiy Bykhunenko/Fotolia.com; S. Laciatek/Fotolia.com; S. 69 magdal3na/Fotolia.com; S. 71 scerpica/Fotolia.com; S. 74 nuclear_lily/Fotolia.com; S. 76 amixstudio/Fotolia.com; S. 78 stavtseva/Fotolia.com; S. 81 Peredniankina/Fotolia.com; S. 83 julijadmi/Fotolia.com; S. 84 anaumenko/Fotolia.com; S. 85 ji_images/Fotolia.com; S. 87 Printemps/Fotolia.com; S. 90 yanadjan/Fotolia.com; S. 91 IngridHS/Fotolia.com

© Elisabeth Engler S. 17, S. 57, S. 58, S. 67, S. 68, S. 73, S. 79, S. 88, S. 92, S. 93, S. 95

Umschlag:
© Floki – Shutterstock.com; dzevoniia – Fotolia.com; lakalla – Fotolia.com;
Stefanie Szillat-Klossek; Elisabeth Engler

INHALT

VORWORT

Sirup – eine Leidenschaft

Um diesbezügliche Fragen gleich vorwegnehmend zu beantworten: Nach dem Erscheinen meines Buches „Das Sirup-Kochbuch" im Jahre 2006 im Books on Demand Druckverfahren habe ich es jetzt gründlich überarbeitet, ergänzt, mit vielen Farbfotos verschönert und mit zwischenzeitlichen Erfahrungen verbessert. Die reinen Trinksirupe wurden auf 100 Rezepte erweitert, Rezepte der Heilsirupe hebe ich übernommen in dem Titel „Hustensirup, Kräuter-Honig & Oxymel", das ebenfalls im Compbook Verlag erscheint. Das Ergebnis ist ein gänzlich neues Buch, das Sie jetzt gerade in der Hand halten. Ich hoffe, es gefällt Ihnen.

Die Liebe zum Sirup hat bei mir so begonnen: Als Kind liebte ich einen damals käuflich erhältlichen Sirup einer großen Getränkefirma (vorzugsweise Geschmack Mandarine, mmmhh!) und war furchtbar enttäuscht, als das Produkt dann irgendwann vom Markt genommen wurde. Der heute wieder unter dem gleichen Namen angebotene Artikel ist, wie ich finde, ganz anders, und gar nicht zu vergleichen. Als ich eigene Kinder bekam, wurde das Thema Getränke wieder relevant, denn außer hohen Kosten ist schließlich noch die anstrengende Nachschubfrage zu erledigen (wir wohnten damals im 2. Stock).

Im Urlaub entdeckten wir in mehreren anderen europäischen Ländern vergleichsweise viele Sirupsorten im Handel. So fuhren wir also mehrmals pro Jahr einfach so 450 km in das Elsass nach Frankreich und kauften das Auto voll Sirup. Das hat allerdings immer ein tiefes Loch in die Haushaltskasse gerissen und war sehr anstrengend (wir fuhren immer an einem Tag hin und wieder zurück). Die Franzosen im Supermarkt erklärten uns sicher für verrückt. Doch auch hier mussten wir feststellen, dass diese Sirupe im Laufe der Zeit nicht mehr so gut geschmeckt haben, der angegebene Fruchtgehalt wurde anscheinend immer geringer. So kam ich darauf, Sirup selbst herzustellen. Aber wie? Damals merkte ich sehr schnell, dass es kaum Rezepte gab.

So sammelte ich aus alten Koch- und Kräuterbüchern und machte meine eigenen Erfahrungen. Das Ergebnis liegt Ihnen hier vor. Sie werden feststellen, dass dieser selbst zubereitete Sirup viel intensiver schmeckt als die meisten gekauften. Da wir nicht auf Gewinn ausgerichtet kochen, können wir auch einen hohen Frucht- oder Gewürzanteil verwenden, und das schmeckt man eben. Dadurch benötigt man auch erfreulich wenig Sirup für die Mixgetränke.

Wer seinen Gästen und Freunden (und zwar den Großen und den Kleinen!) so einen selbstgemachten Sirup kredenzt, wird sicher schnell feststellen dass er dies mit Stolz und Freude macht und auch viel Anerkennung und Staunen erfahren wird. Mit dem zweiten Anlauf steigt dann die Experimentierfreudigkeit und man beginnt, seine eigenen Kompositionen zu kreieren. Diese Entdeckerphase macht besonders Spaß, auch wenn es mal nicht ganz so gut gelingt. Im Zweifelsfalle einfach wenig kochen zum Test, dann merkt man ob es auch mundet...

Ich wünsche allen kochbegeisterten Naturfreunden nun viel Freude mit den hier abgedruckten Rezepten und natürlich ein auch gutes Gelingen! Sie werden sehen, so lecker-geniale Limonaden haben Sie kaum je geschlürft!

Senden Sie Anregungen, Verbesserungen, Erfahrungsberichte oder neue Rezepte gerne an mich per mail an **arjane@gmx.de** oder direkt an den Verlag **compbook@gmx.de**, ich freue ich mich darüber!

Kranzberg, Winter 2018

Elisabeth Engler

Verwendung von Sirup

In diesem Buch möchte ich mit Ihnen gemeinsam verschiedene Sirupsorten zubereiten, von denen die meisten im Handel nicht zu bekommen sind.

Die **Vorteile** der eigenen Sirup-Produktion liegen auf der Hand:

- Sirup ist preisgünstig
- Sirup ist sehr vielseitig: als Erfrischungsgetränk, zum Aromatisieren von Likören, Marmeladen, Desserts, Eis, Sorbet, Cocktails und sogar zum Kochen für Marinaden und Soßen
- Sirup ist (in der Regel) lange haltbar
- Sirup ist sehr ergiebig – Kisten schleppen entfällt
- Sirup schmeckt der ganzen Familie und kann den Vorlieben entsprechend gekocht werden
- Sirup kochen macht Spaß und
- Sirup enthält nur die Inhaltsstoffe, die Sie selbst verwenden!

Zu beachten ist natürlich dass Diabetikern, wie alle anderen zuckerhaltigen Getränke auch Zuckersirup verboten ist. Bitte keinen Sirup oder Honig Babys oder Kleinkindern in das Trinkfläschchen geben, ungesüßter Tee schont die Zähnchen und macht nicht dick!
Ich habe übrigens bei meinen eigenen Kindern, die schon seit Jahren Sirup trinken, festgestellt, dass sie sich ihr Getränk zwar anfangs meist recht süß gemischt hatten, aber im Laufe der Zeit die Konzentration immer mehr reduzierten! Manchmal ist dann mehr Farbe als Geschmack in ihrem Getränk – was mir dann selbst sogar wieder zu wenig ist!

Überprüfen Sie Ihren Sirup regelmäßig auf seine Güte, jede Schimmelbildung oder unangenehme Geruchsveränderung bedeutet sofortige Entsorgung – keinesfalls mehr verwenden! Daher bitte immer jeden produzierten Sirup sofort beschriften mit Herstelldatum. Eine kühle, trockene und dunkle Lagerung verlängert die Haltbarkeit.
Mancher Sirup, vor allem aus frischen Kräutern gekocht, (z.B. Pfefferminzsirup) gärt 2 Wochen nach der Fertigstellung oft noch nach, und sollte daher entlüftet werden.

Lassen Sie Ihren Geschmack entscheiden, ob Ihr Sirup fertig ist. Probieren Sie einen Teelöffel davon mit etwas kaltem Wasser, dann sehen Sie ob das Getränk Ihnen so passt, dann können Sie entweder noch etwas einkochen, nachsüßen oder mit Zitronensaft oder -säure verändern. Da Sie ihn trinken, sollte er auch nach Ihrem Geschmack sein, meine Rezepte sind daher immer nur als Richtlinie und Grundrezept anzusehen …

Sirup haltbar machen

Grundsätzlich gilt die Regel:
Je mehr Zucker der Sirup enthält desto länger ist er haltbar. Die geöffnete Flasche kühl aufzubewahren, am besten im Kühlschrank verlängert dabei die Haltbarkeit. Diese hängt allerdings auch von der Sauberkeit der verwendeten Utensilien ab sowie von der Lagertemperatur. Kühl und dunkel ist die beste Lagerung. Bitte niemals mit benutztem Besteck in Gläser oder Flaschen langen.

Zur **Sterilisation** bzw. **Haltbarmachung** gibt es folgende Methoden:

1. Den Sirup in der verschlossenen Flasche bei 80°C 30 Minuten lang (bzw. 25 Minuten bei 70°C bei empfindlicheren Kräutern und Blüten) entweder im Backofen im Wasserbad oder in einem Topf im Wasser stehend sterilisieren.

2. Den fertigen Sirup nochmals kurz zum Kochen bringen, abschäumen und langsam (Aufpassen, dass die Flasche nicht springt – Türen vorher schließen!) in die heiß ausgespülten Flaschen füllen, sofort verschließen. Vor allem bei Blütensirup leidet allerdings das Aroma etwas unter dieser Methode.

3. Die Haltbarkeit kann durch die Zugabe von Ascorbinsäure (Vitamin C) oder Zitronensäure verlängert werden. Dadurch verändern sich sowohl Farbe als auch Geschmack, daher vorsichtig dosieren und den Geschmack testen (verdünnt in Wasser), lieber nachdosieren.

4. Zum Pasteurisieren die befüllten Sirupflaschen in einen am Boden und an den Rändern mit Heu oder Zeitungspapier ausgelegten Topf stellen, mit kaltem Wasser soweit auffüllen, dass das Wasser kochen kann aber nicht herausspritzt. Dann 1 Stunde stehend leicht köcheln lassen. Auf die ausgekühlten Flaschen je eine Messerspitze „Einmachhilfe" in den Flaschenhals geben, verkorken und dann versiegeln. Oder auf den fertigen, abgekühlten Sirup in den Flaschenhals etwa 1 cm passenden Schnaps (Obstler, Rum, Korn) vorsichtig geben, nicht schütteln! Bei Drehverschlussflaschen die verschlossene Flasche auf den Kopf gestellt abkühlen lassen.

5. In der Regel genügt es, den sehr heißen Sirup in saubere Fläschchen abzufüllen und darauf achten, dass ein Vakuum gezogen wird, was man am Knackgeräusch erkennen kann. Am besten einfach nur soviel produzieren, wie bald verbraucht wird.

Abfüllen:

Verwenden Sie saubere (Spülmaschine bei 70°C) und möglichst heiß ausgespülte Flaschen und Gläser. Ich sammle schon das ganze Jahr über Fläschchen (z.B. von Tomatenketchup und Ahornsirup, aber auch kleinere Schnapsflaschen ergeben gefüllt mit unserem leckeren Sirup sehr schöne Geschenke).
Wenn Sie die Flaschen mit Gummikappen verschließen, füllen Sie diese bis direkt unter den Rand, Flaschen die verkorkt werden, nur bis 3 cm unter den Rand. Letztere müssen übrigens liegend gelagert werden, Erstere stehend! Vor dem Abfüllen nochmals evt. Schaum entfernen. Die Lagerung sollte stets möglichst kühl, trocken und dunkel erfolgen, so verlängert sich die Haltbarkeit.

Auf jeden Fall gilt: Wenn Sie eine Flasche öffnen, erst den Inhalt kontrollieren! Angebrochene Flaschen gehören in den Kühlschrank.

Fruchtsaft kann man auch im Schnellkochtopf herstellen, dafür die Früchte nur waschen und mit ganz wenig Wasser (ohne Zucker) bis zum Drucksignal kochen lassen, die Herdplatte ausschalten und abkühlen lassen bis der Topf geöffnet werden kann. Danach durch ein feuchtes Tuch tropfen lassen (wenn er nicht klar sein soll, auch leicht auspressen) und nach Wunsch weiterverarbeiten.

Über Zucker

Da es in diesem Buch in Erster Linie um die Herstellung von Sirup geht, lohnt es sich, einmal etwas über die Art und Weise, wie wir Zucker verwenden können zu erfahren.

In der Industrie wird oft für die Fabrikation von Likören, Süßigkeiten und Sirup ein Stärkesirup (Glukosesirup) verwendet, wodurch eine sämige Beschaffenheit erreicht wird. Dieser Glukosesirup ist allerdings nur etwa halb so süß wie normaler Zuckersirup und in Haushaltsmengen schwierig zu beschaffen. Diese Sämigkeit können wir nur durch längeres Eindicken erreichen, wodurch Zuckerkonzentration und damit auch Süße steigen. Außerdem kristallisiert der Sirup bei hoher Zuckerkonzentration schnell aus. Wer nicht ganz so süßen Sirup haben will, darf ihn nicht zu lange einkochen oder muss mit Säuerungsmitteln (Zitronensaft, Zitronensäure, Ascorbinsäure) wieder den starken Süßgeschmack reduzieren. Ansonsten kann man durchaus einen Teil des Sirups (ca. 10 bis 20%) durch Glukosesirup ersetzen, wenn Sie ihn sich beschaffen können.

Zucker löst sich nur bis zu einer gewissen Menge im Wasser auf, was von der Wassertemperatur abhängt. Ist die Zuckerlösung gesättigt, bleiben Kristalle des Zuckers übrig und lösen sich nicht mehr auf oder lösen sich zwar erst auf, kristallisieren aber bei Abkühlung wieder aus.

Richtwerte sind:
200 ml Wasser für 1 kg Zucker bei 100°C
400 ml Wasser für 1 kg Zucker bei 40°C (also schon die doppelte Menge Wasser)
560 ml Wasser für 1 kg Zucker bei kaltem Wasser

Die Auskristallisation können wir jedoch vermeiden und auch sehr hohe Zuckerkonzentrationen bei jeder (haushaltsüblichen) Temperatur flüssig halten, indem wir eine chemische Umwandlung namens „Inversion" vornehmen, bei der aus dem Haushaltszucker durch Zugabe von Wein- oder Zitronensäure Trauben- und Fruchtzucker (Invertzucker) wird.

Dies geht so:
Die Wassermenge vor dem Kochen abmessen (siehe unten), den Zucker zugeben und bei ständigem Rühren zum Kochen bringen. In der Zwischenzeit Weinstein- oder Zitronensäure in etwas heißem Wasser auflösen und beim Siedepunkt zugeben. Die Lösung nun noch 10 Minuten lang unter Rühren weiterkochen lassen, den sich bildenden Schaum abnehmen mit einem Schaumlöffel. Die Lösung danach mit heißem Wasser in einem Messbecher auf die angegebene Menge auffüllen – Achtung, die Lösung ist sehr heiß, daher vorher etwas abkühlen lassen und vorsichtig damit umgehen! Diesen Sirup nun durch ein sauberes Tuch filtern und wie gewünscht weiterverarbeiten.

500 g	Zucker auf	200 ml Wasser mit	0,5 g Säure	ergibt	500 ml	Zuckersirup
1 kg	Zucker auf	450 ml Wasser mit	1,0 g Säure	ergibt	1 l	Zuckersirup
1,5 kg	Zucker auf	650 ml Wasser mit	1,5 g Säure	ergibt	1,5 l	Zuckersirup
2 kg	Zucker auf	850 ml Wasser mit	2,0 g Säure	ergibt	2 l	Zuckersirup

In der Regel verwenden wir für Trinksirup gewöhnlichen weißen Haushaltszucker aus Zuckerrüben, für die Herstellung von Kräuter- oder Gewürzsirup wie Zimtsirup greifen wir gerne einmal auf braunen Zucker bzw. Rohrohrzucker zurück. Der braune und auch der gelbe (Österreich) Zucker enthalten einen höheren Melasseanteil, wodurch sich Geschmacksveränderungen ergeben, die berücksichtigt werden müssen (vor allem feine, leichte Aromen wie Blüten sollten daher lieber mit weißem Zucker verarbeitet werden um nicht überdeckt zu werden).

Warum wird für diese Rezepte soviel Zucker verwendet?
Im Internet und auch in anderen Büchern oder Zeitschriften wird oft wesentlich weniger Zucker für die Sirup-Herstellung angegeben. Bei den Ihnen hier Vorliegenden wird zumeist auf 1 l Wasser oder Saft auch 1 kg Zucker genommen, das ergibt dann einen Sirup von 1,5 l. Zuckeranteil also dementsprechend etwa 55 %.

Verdünnt man ihn etwa im Verhältnis 1:7 bis zu 1:9 mit Wasser, ist das ein relativ geringer Zuckeranteil im Verhältnis zur Gesamtmenge von etwa 8-12 %. Je nach Grad der Verdünnung eben etwas mehr oder weniger. Wer den Zucker nicht möchte kann, wie unten aufgeführt, Xylit oder Erythrit verwenden.
Stellt man Sirup mit weniger Zucker her, was durchaus möglich ist, verringert sich die Haltbarkeit enorm, er fängt an zu gären oder schimmeln. Zucker ist also nicht nur ein Geschmacksträger sondern auch Konservierungsmittel (so wie auch Salz). Sirup, der im Verhältnis 1:1 mit Wasser bzw. Saft hergestellt ist, hält (bei sauberen Utensilien) in der Regel über viele Monate, manchmal sogar Jahre, obwohl er dann leider nicht mehr schmeckt. Möchten Sie einen Sirup kochen, den Sie in den nächsten 2 Wochen aufbrauchen, können Sie die Zuckermenge auch halbieren (im Kühlschrank lagern).

Synthetische Süßstoffe (wie Aspartam) sind für die Sirupherstellung leider nicht geeignet, jedoch Zuckerausstauschstoffe wie Xylit (sogenannter Birkenzucker) und Erythrit. Man ersetzt den Zucker 1:1 damit, wobei vor allem Erythrit als weniger süß empfunden wird.
Leider sind beide jedoch recht teuer – zumindest im Vergleich mit Zucker. Die Haltbarkeit muss dabei genauer überprüft werden als bei Zuckersirup und kann Schwankungen unterliegen. Auch kristallisiert Sirup mit Xylit schneller aus. Dafür ist er zahnschonend und enthält weniger (Xylit) oder fast keine (Erythrit, nur in warmer Flüssigkeit löslich) Kalorien, außer diejenigen von den verwendeten Früchten. Beachten Sie jedoch bitte die leicht abführende Wirkung dieser Stoffe (außerdem kann Xylit für Hunde tödlich sein).

Färben:
Handelsüblicher Sirup wird oft mit Lebensmittelfarbe eingefärbt. Wir verzichten hier jedoch auf künstlich hergestellte Farbstoffe, die zudem Allergien auslösen können. Es gibt auch die Möglichkeit, natürliche Farbstoffe selbst herzustellen, wenn die Färbung des Sirups an sich zu schwach ist. Das Eigenaroma der Färbungen ist in der Regel nicht so stark, dass es durch die Zugabe einer geringen Menge die Qualität sehr verändern würde, im Zweifelsfalle aber bitte selbst abschmecken! Dafür geben Sie dem fertigen Sirup nach der Fertigstellung folgenden Ansatz zu:

Fertigen Sie etwas Alkohol-Wasser-Lösung und geben Sie dazu für:

- **Rot:** *dunkles Rot:* ein paar getrocknete Malvenblütenblätter (rote Stockrose) je nach gewünschter Farbintensität ziehen lassen, alternativ Rote Beete Pulver
  helles Rot: ein paar getrocknete Malvenblütenblätter, geben Sie nach dem Ziehen ein paar Tropfen Zitronensaft oder einige Körnchen Zitronensäure dazu
- **Gelb:** ein paar echte Safranfäden (kräftige Färbung!) oder etwas Kurkumapulver
- **Orange:** Fruchtfleisch von dunkelorangefarbenen Kaktusfeigen
- **Braun:** Zuckercouleur herstellen (siehe „offizielle Zuckerkochgradliste").

Nach dem Auskühlen füllen Sie den braunen Sirup in ein verschraubbares Glas und füllen es mit einem Wasser-Alkoholgemisch (1:1) auf, worin sich die Zuckermasse vollkommen auflöst. Filtrieren und dann verwenden.

Läuterzucker wird verwendet zur Herstellung von feinen Likören ist aber auch für Sirup aus empfindlichen Blüten und Kräutern nützlich. Man kann ihn besonders gut für die feineren Blütensirupe verwenden.

Läuterzucker kochen:
500 g Haushaltszucker, weiß
Wasser
Zuckerthermometer

Zucker mit Wasser in einem Kochtopf gerade bedecken, dann auf voller Stufe kochen bis das Thermometer auf 100°C stehen bleibt (die Temperatur steigt nur, wenn ein gewisser Zuckerüberschuss besteht). Unreinheiten, die sich am Topfrand absetzen, wischen wir mit einem hitzebeständigen Kochpinsel oder feuchten Tuch o.ä. weg. Den Zucker nun solange kochen, bis er keine Schmutzpartikel mehr abgibt, dann sofort vom Herd nehmen. Erkalten lassen mit dem aufgelegten Deckel (so erkaltet der Zucker nicht so rapide und bekommt keine „Haut"). Würde man nun den Zucker weiter erhitzen, so verdampft auch immer mehr Wasser, der Zucker wird so konzentriert bis am Ende nur noch das sog. Karamell übrigbleibt (Vorsicht, brennt schnell an!).

An der Temperatur der Zuckerlösung kann man den Grad der Konzentration bestimmen.

Offizielle Zuckerkochgrad-Liste:

Temperatur (Zuckerkochgrad):	Verwendung:
100°C: Läuterzucker	Glasurverdünnung, Sirup, Liköre, Tränken von Torten, für die Fruchteisherstellung
105°C: Schwacher Faden (Probe nehmen, Achtung Verbrennungsgefahr!)	Herstellung von Belegfrüchten
108°C: Starker Faden	Kochschokolade, Glasur von Dickzuckerfrüchten
112°C: Schwacher Flug	gebrannte Mandeln, Zuckerwatte, warme Schaummassen
118°C: Starker Flug	Fondantbereitung
125°C: Ballen (Probe: lässt sich kugelig formen)	Sahnekaramellen
135°C: Bruch (Probe: Holzstäbchen in die Zuckermasse tunken, wenn erkaltet biegen, Zucker bricht!)	Bonbons
145°C: Karamell (Probe: Zucker ist farblos und klar)	gezogener und geblasener Zucker
155°C: Couleur (Probe: Zucker bräunt wenn er mit Wasser abgelöscht und wieder losgekocht wird)	Zur Färbung von Cremes und Glasuren.

Das Wasser

Unser Trinkwasser in Deutschland, Österreich und der Schweiz ist in der Regel ein gut schmeckendes und sehr sauberes Wasser, das Sie gerne für die Sirupbereitung verwenden können. Schmeckt Ihnen das Wasser nicht, sollten Sie es jedoch auch nicht verwenden. Es sollte auf jeden Fall geschmacksneutral sein damit die feinen Aromen nicht verändert werden. Ansonsten versuchen Sie ein gutes Quellwasser zu bekommen. Recherchieren Sie, wenn Sie keine Quelle in Ihrer Nähe kennen, im Internet und machen Sie einen kleinen Ausflug dorthin. Füllen Sie sich dann dort saubere Glas- oder lebensmittelechte Plastikflaschen ab und verwenden Sie es bald. Man kann auch (stilles) Quellwasser im gut sortierten Getränkehandel kaufen. Auf keinen Fall kohlensäurehaltiges Mineralwasser benutzen!

Zubehör

Welche Gerätschaften benötigt man zum Sirupkochen?
Meist werden alle Gegenstände in jeder Küche vorhanden sein:

- Diverse Töpfe, vorzugsweise aus Edelstahl,
- Rührlöffel (aus Holz oder Edelstahl, Kunststoff kann evt. schmelzen),
- Mehrere unterschiedliche Siebe, feiner und gröber, aus Edelstahl,
- ein oder mehrere Tücher aus Baumwolle oder Leinen, durch die z.B. Fruchtrückstände gepresst werden können,
- evtl. ein Hocker, der (umgedreht) ein gutes Gerät ergibt, bei dem der Saft aus der gekochten Fruchtmasse gefiltert werden kann,
- Flaschen und Gläser, in denen der fertige Sirup dann aufbewahrt wird, (ein Tipp: sammeln Sie das ganze Jahr über bereits weithalsige Gläser und Flaschen!),
- ein Steinguttopf für Kräuterhonig,
- scharfe Messer oder ein elektrischer Kräuterhacker,
- eventuell ein Zuckerthermometer, und
- etwas Experimentierfreudigkeit.

REZEPTE

Kochen Sie einen Sirup zum ersten Mal und sind sich nicht sicher, dass er Ihnen auch schmecken wird, dann versuchen Sie es am besten erst mit einer kleineren Menge vorerst (alles halbieren oder dritteln, meist geht das). Nachkochen können Sie immer noch, wenn Sie mit dem Ergebnis zufrieden sind. Am besten schreiben Sie auf, welche Änderungen Sie machen.

Benutzten Sie immer saubere Flaschen und Gläser, in die Sie vor dem Abfüllen kochendes Wasser einfüllen! Sirup, der aus verschiedenen, stark pektinhaltigen Früchten oder Beeren wie Quitten, Johannisbeeren oder auch Himbeeren gekocht wird (nicht der Kaltauszug), zeigt dazu auszugelieren. Man bekommt ihn dann schlecht aus der Flasche und er löst sich auch in kalten Getränken schlecht auf. Vermischen Sie diese Früchte vorher mit einem Antigeliermittel nach Packungsangabe oder verwenden sogenannten Sirupzucker für Beeren, der mit Zitronensäure und Pektinase versetzt ist.

So macht man Limonade:

Nehmen Sie einen Krug, geben je nach Geschmack zwischen 50 und 150 ml Sirup hinein sowie eventuell ein paar Eiswürfel und füllen das Ganze dann mit eisgekühltem Mineralwasser (still oder sprudelnd) auf. Wer mag, fügt noch ein paar Blätter frische Kräuter wie Basilikum, Minze, Melisse dazu. Besonders lecker sieht die Limonade mit ein paar in Scheiben geschnittenen Zitronen, Orangen oder ein paar Beeren aus, die man noch zugibt. Umrühren, fertig zum Servieren!

So macht man Bowle:

In ein Bowlegefäß gibt man je nach Geschmack zwischen 100 und 200 ml Sirup, füllt mit 0,7 l Weißwein (oder rosé) auf, fügt nach Belieben einige Blätter frische Kräuter wie bei der Limonade zu sowie 300-500 g kleingeschnittene oder ganze Früchte (z. B. Erdbeeren, Himbeeren, Brombeeren, Heidelbeeren, Mango, Ananas) und lässt das Ganze 1-2 Stunden im Kühlschrank ziehen. Dann fügt man 1-2 Handvoll Eiswürfel zu und füllt mit 1 Flasche (0,7 l) Sekt auf. Die Bowle ist nun servierfertig!

So macht man Slushies:

Für Slush hackt man Eiswürfel aus Wasser, Wein oder auch Saft sehr fein (crushed Eis) und mischt nach Geschmack Sirup hinein, fertig ist das hippe Slush-Eis.

So macht man Likör:

Abgekühlten Sirup im Verhältnis 1:2 oder 1:3, je nachdem wie süß der Likör werden soll, mischen. Geeigneter Alkohol: Wodka, Gin (besonders für Kräuterlikör), Grappa, Doppelkorn, Weinbrand, Obstbranntweine. Umrühren und dem Likör noch 1 Ruhetag gönnen. Dann abrunden: mit einer Mischung aus Wasser und Alkohol. (2:1) und evtl. etwas gefilterten Zitronensaft (nicht zuviel erwischen!) oder, wenn mehr Süße gewünscht wird auch mit etwas Sirup.

Fruchtliköre unbedingt dunkel lagern, damit sie ihre Farbe weitestgehend behalten.

Erfrischender Sirup aus Früchten

Apfelsirup

Je aromareicher die Äpfel, desto besser wird der Sirup. Ideal sind säuerliche und ungespritzte Bio-Äpfel aus dem Garten, aber auch Äpfel vom Bodensee und aus Südtirol sind gut. Empfehlenswert für das Kochen von Apfelsirup ist Sirupzucker (aus Zucker und Zitronensäure sowie gelierverhindernde Mittel).

Zutaten für Apfelsirup nach Hildegard von Bingen:

- *1,5 kg säuerliche Äpfel*
- *300 ml Wasser*
- *10 g Zitronensäure*
- *1 Vanillestange*
- *5 Gewürznelken*
- *etwas geriebener Muskat*
- *10 g pulversierter Galgant*
- *300 ml trockener Weißwein*

Das Wasser mit dem Zucker, der aufgeschlitzten und ausgekratzten Vanilleschote und den Gewürzen zu einem leichten Sirup einkochen. Die Äpfel gut abwaschen und samt Schale und Kernhaus vierteln, dazugeben und im Sirup weich kochen. Durch ein feuchtes Tuch geben, nicht zu sehr pressen damit der Sirup klar bleibt. Abschmecken (evt. noch Zitronensäure zugeben) und noch heiß abfüllen.

Zutaten für Apfel-Rum-Sirup:

- *2 kg Äpfel, ungespritzt*
- *1 ungespritzte Zitrone*
- *1 kg Zucker*
- *2 EL Rum*

Die halbierten Äpfel mit Schale und Kerngehäuse im Entsafter auspressen. Den Saft durch ein feuchtes Tuch filtrieren bis er klar ist. Die Zitrone auspressen und mit der Schale zugeben. Den Zucker zufügen und zu einem Sirup einkochen, die Zitronenschalen entfernen, den Rum zugeben. In die sauberen Flaschen füllen.

Zutaten für Apfelsirup mit Koriander:

- *3 kg aromatische Äpfel*
- *1 TL Koriandersamen, ganz*
- *1,2 kg brauner Zucker*

Äpfel würfeln, nicht schälen, Kerngehäuse dran lassen. Saft auspressen, mit Zucker und Koriander zu einem Sirup kochen. Zitronensäure zufügen, die Samen entfernen und heiß in Flaschen füllen.

Die weihnachtliche Variante:
Geben Sie noch eine Stange Zimt, 5 ganze Nelken und 1-2 Sternanis zum Kochen dazu, nachher dann absieben.

Aprikosensirup

Zutaten:

- *2 kg Aprikosen*
- *2 kg Zucker*
- *500 ml Apfelsaft, ungezuckert*
- *1 Zimtstange*
- *1 TL Ascorbinsäure*

Die Früchte waschen, entkernen, in Stücke schneiden. Den Saft in einen großen Topf geben, die Aprikosen und den Zucker schichtweise einfüllen. Die Zimtstange dazugeben, alles unter ständigem Rühren aufkochen, 20 Minuten lang sanft köcheln lassen. Durch ein festes Tuch drücken, durch ein Sieb filtern. Den Sirup mit der Ascorbinsäure nochmals bis zum Siedepunkt erhitzen, dann heiß abfüllen. Falls der Sirup geliert (je nach Reife der Früchte), muss mehr Saft verwendet werden, oder ein Antigeliermittel nach Vorschrift zugegeben werden.

Aronia-Brombeer-Sirup

Zwei, die sich (zumindest geschmacklich) mögen. Doch auch in der Natur wachsen sie oft nahe beieinander. Da nur die Wenigsten eigene Aroniabüsche haben, verwenden wir für den Sirup einfach fertigen Saft, selbst gemacht oder auch gekauft.

Zutaten:

- *0,7 l Aroniasaft*
- *500 g Brombeeren, frisch oder TK*
- *Saft von 1 Zitrone*
- *1 Prise Zimtpulver*
- *1 kg Zucker*

Brombeeren mit dem Zucker mischen und 4 Stunden, noch besser über Nacht, Saft ziehen lassen. Danach zusammen mit den übrigen Zutaten zum Kochen bringen und 15 Minuten lang köcheln lassen. Durch ein Tuch filtern, gut auspressen, und heiß abfüllen.

Berberitzensirup

Berberitzenbeeren werden meist für giftig gehalten, was aber nicht stimmt! Sie haben einen hohen Vitamin-C-Gehalt (der durch das Kochen aber weitgehend zerstört wird) und wirken harntreibend (nicht bei Harnwegsentzündung verwenden!). Nach dem ersten Frost gesammelt, werden sie etwas milder im Geschmack.

ACHTUNG: Nur die Beeren sind verwendbar, der restliche Teil der Pflanze ist giftig (Rinde, besonders die Wurzel, Blätter)! Berberitzenextrakte sollen nicht über längere Zeit eingenommen werden, da die Überdosierung gefährlich ist.

Zutaten für Berberitzen-Limonen-Sirup:

- *150 g getrocknete Berberitzenbeeren*
- *1 l Wasser*
- *1 kg Zucker*
- *50 ml Limonensaft*

Die Beeren über Nacht mit dem Wasser in einem Kochtopf einweichen. Am nächsten Tag dann zum Kochen bringen und 10 Minuten lang simmern lassen. Den Saft nun abgießen, die Beeren durchfiltern. Diese Menge (ungefähr 900 g) nun mit dem Zucker 10 Minuten köcheln, mit dem Limonensaft nach Geschmack abrunden und heiß abfüllen. Für etwa 1,5 l Sirup.

Zutaten für Berberitzen-Apfel-Sirup:

- *500 g reife Berberitzenbeeren*
- *1 kg Zucker*
- *500 ml Apfelsaft*
- *1 Flasche*

Die Beeren von den Stängeln streifen. Waschen, etwas zerdrücken und in etwas Wasser ganz zerkochen. Den Saft anschließend durch ein Lein- oder Baumwolltuch pressen. Dabei die Kerne nicht zerdrücken, sie geben sonst einen bitteren Geschmack ab. Mit dem Apfelsaft und dem Zucker vermischen und erhitzen bis dieser ganz aufgelöst ist, abschäumen. Den fertigen Sirup in die heiß ausgespülte Flasche füllen und sterilisieren.

Birnensirup

Zutaten:

- *1 kg süße, saftige Birnen (Alternativ 1 l Birnensaft und kein Wasser)*
- *800 ml Wasser*
- *800 g Zucker*
- *evt. 1 Zimtstange*
- *50 g Zitronensaft*

Die Birnen waschen und vierteln, das Kerngehäuse muss nicht entfernt werden. Mit Wasser im Schnellkochtopf (bis zum Ertönen des Drucksignals) oder im Kochtopf etwa 25 Minuten lang sanft kochen lassen. Anschließend durchsieben durch ein feuchtes Tuch. Den Saft mit dem Zucker und der Zimtstange in einem Topf solange leicht kochen lassen, bis ein Sirup entsteht. Zitronensaft zugeben, durchmischen. Zimtstange entfernen, heiß abfüllen in saubere Flaschen.

Birnen-Rotwein-Sirup

Zutaten:

- *1 kg süße Birnen*
- *600 ml Wasser*
- *200 ml trockener Rotwein*
- *500 g Zucker*
- *1 Vanillestange*
- *8 g Zitronensäure*

Zubereitung wie Birnensirup, aber 200 ml vom Wasser ersetzen durch einen trockenen Rotwein. Vanillestange aufschlitzen und mitkochen, danach entfernen.

Brombeersirup (Kaltauszug)

Waldbrombeeren sind aromatischer als Gartenbrombeeren, aber wegen der Gefahr der Infizierung mit dem Fuchsbandwurm rate ich vom Sammeln dort ab.

Zutaten:

- *1 kg Brombeeren, evtl. TK*
- *1 EL Vanillezucker*
- *1 kg Zucker*

Die Früchte in einer Schüssel etwas anquetschen. Zucker und Vanillezucker darüber streuen und gut mischen. Das Gefäß abgedeckt im Kühlschrank 3 Tage lang Saft ziehen lassen, öfters umrühren. Durch ein Tuch oder einen Nussmilchbeutel passieren, in saubere Flaschen füllen.

Brombeersirup mit Zimt und Vanille

Zutaten:

- *1,5 kg Brombeeren, evtl. TK*
- *850 g Zucker*
- *1 Zimtstange*
- *2 Päckchen Vanillezucker oder 1 echte Vanilleschote*
- *Saft 1 Zitrone*

Brombeeren verlesen, in einen Topf geben, nur gerade mit Wasser bedeckt 5 Minuten sprudelnd kochen. Noch 10 Minuten lang ziehen lassen. Durch ein Tuch filtern.
1 l Brombeersaft mit dem Zucker mischen und aufkochen. Restliche Zutaten zufügen, immer sanft rühren. Zimt und ggfls. Vanilleschote nach 10 Minuten entfernen. Heißen Sirup in kleinere Flaschen füllen, kühl lagern.

Brombeer-Heidelbeer-Sirup mit Rosmarin

Zutaten:

- *500 g Brombeeren, evtl. TK*
- *500 g Heidelbeeren, evtl. TK*
- *1 Zweig Rosmarin*
- *1 Bio-Zitrone,*
- *Saft und Schale davon*
- *600 g Zucker*
- *300 g Honig*

Die sauberen Früchte in einer Schüssel mit einem Stößel leicht anquetschen. Rosmarin fein hacken. Mit dem Zucker, dem Zitronensaft und der -schale zu den Früchten geben, alles gut mischen. Das Gefäß abgedeckt im Kühlschrank 3 Tage lang Saft ziehen lassen, öfters umrühren. Aus dem Kühlschrank nehmen, durch ein Sieb oder einen Nussmilchbeutel filtern. Den Sirup dann 1 Stunde in die Nähe der Heizung oder in die Sonne stellen, damit das Ganze etwas erwärmt wird. Den Honig einrühren, bis er sich aufgelöst hat. In Flaschen abfüllen und im Kühlschrank lagern. Bald aufbrauchen.

Ebereschenbeerensirup

Ebereschenbeeren werden auch Vogelbeeren genannt. Man sammelt sie nach den ersten Frösten, dann schmecken sie weniger bitter. Sie wirken blutreinigend und helfen bei Erbrechen, Husten und Heiserkeit (löffelweise einnehmen).

Zutaten:

- *1 kg Ebereschenbeeren*
- *1 l Wasser*
- *ca. 1 kg Zucker*

Die gewaschenen Beeren mit dem Wasser einmal aufkochen lassen, abfiltrieren und den Sud zum Entbittern wegschütten. Nochmals mit frischem Wasser aufkochen lassen bis die Beeren weich sind. Danach durch ein feuchtes Tuch pressen und abmessen. Auf 1 l Saft geben wir dann 1,2 kg Zucker, kochen diesen nochmals 10 Minuten lang sprudelnd auf und füllen ihn heiß ab.

Erdbeersirup

Da Erdbeeren einen hohen Pektingehalt haben, sollte man, um einen möglichst reinen Saft zu erhalten, sie entweder im Dampfentsafter entsaften oder mit ein paar Gramm eines in Wasser gelösten Enzympräparates (sog. „Pektinex", „Pektinol" o.ä.) vermischen und einen halben Tag lang ziehen lassen. Genaue Mengenangaben entnehmen Sie bitte der Packungsanleitung.

Erdbeer-Zitronen-Sirup

Zutaten:

- *1 kg Erdbeeren (möglichst süße und reife Früchte)*
- *1,25 kg Zucker*
- *600 ml Wasser*
- *Saft 1 Zitrone*

Aus dem Wasser und dem Zucker einen dicklichen Sirup kochen. Die gewaschenen und von den Stielen befreiten Früchte zugeben, den Saft der Zitrone dazuschütten. Nun 5 Minuten lang kochen lassen und noch heiß durch ein Tuch filtern, danach sofort in kleine Flaschen abfüllen, einige Tropfen Obstler oder Rum in den Flaschenhals geben, nicht mehr schütteln, dann verschließen. Kühl und dunkel lagern bis zum Verbrauch.

Erdbeer-Sirup (Kaltauszug)

Zutaten:

- *1 kg Erdbeeren*
- *1 kg Zucker*
- *1 Bio-Zitrone*

Dieser Sirup schmeckt wunderbar, hält sich aber nicht so lange: Bitte zügig verbrauchen. Bereiten Sie sich auch einmal einen feinen Erdbeerlikör damit zu!

Die Beeren waschen, putzen und in Stücke schneiden. Die Zitrone heiß abwaschen, trocknen und in Scheiben schneiden. Alles zusammen mit dem Zucker in eine Schüssel geben, gut durchmischen. Das Gefäß abgedeckt im Kühlschrank 2 Tage lang Saft ziehen lassen, öfters umrühren.

Danach alles durch ein Tuch oder einen Nussmilchbeutel passieren, in sehr saubere Flaschen füllen. Wer den Sirup ganz klar haben will, lässt ihn nochmals 1 Tag an einem kühlen Ort zum Klären stehen und filtert ihn dann nochmals vor dem Abfüllen. Kühl lagern und bald verbrauchen.

Feigensirup

Feigen fördern bekanntlich die Verdauung. Wer jedoch zu Durchfällen und Blähungen neigt, sollte lieber darauf verzichten. Selbstgekochter Feigensirup schmeckt auch als „Highlight" über Desserts gut. Er enthält noch Fruchtfleisch, wer ihn klarer haben will, muss ihn durch Kaffeefilterpapier laufen lassen, was recht zeitaufwändig ist.

Zutaten:

- *500 g frische Feigen, gut reif*
- *0,5 l Wasser*
- *800 g Zucker*
- *1 Zitrone*

Die Feigen waschen, in Stücke schneiden und mit der Hälfte vom Zucker über Nacht Saft ziehen lassen. Anderntags Wasser und restlichen Zucker 5-8 Minuten lang wallend zu einem Sirup kochen. Die Feigenstücke mit dem Saft und dem Saft der ausgepressten Zitrone pürieren. Zum Sirup geben, 5 Minuten lang sanft kochen lassen, durch ein Tuch filtern und heiß abfüllen.

Grenadine-Sirup

Dieser lecker-fruchtige Sirup mit leichten Bitternoten aus dem Granatapfel schmeckt nicht nur sehr gut mit Mineralwasser oder Sekt, sondern wird auch sehr gerne zum Mixen von Cocktails oder in der Eisherstellung verwendet.

Zutaten:

- *500 ml Granatapfelsaft, frisch gepresst (aus ca. 0,7-1 kg Granatäpfel)*
- *600 g Himbeeren, evtl. TK*
- *2 EL echter Vanillezucker*
- *1 kg Zucker*
- *50 g Limettensaft*

Granatäpfel auf einer Saftpresse auspressen (Vorsicht, der Saft färbt stark!), wir benötigen 500 ml davon. Mit den Himbeeren, dem Vanillezucker, dem Zucker und dem Limettensaft in einem Kochtopf aufkochen und 10 Minuten lang kochen lassen. Durch ein Sieb filtern, die Himbeeren mit der Rückseite eines Suppenlöffels auspressen. Heiß abfüllen.

Hagebutten-Orangen-Sirup

Hagebutten werden wegen ihrer adstringierenden Wirkung durch die Gerbsäure bei der Behandlung von Magen- und Darmbeschwerden eingesetzt. Sie sollen auch harntreibend sein. Wichtig ist aber vor allem der hohe Gehalt an Vitaminen, besonders vom Vitamin C. Bis zum zehnfachen des Vitamin-C-Gehaltes der Schwarzen Johannisbeere liefert die Hagebutte. Dieser Sirup ist also (obwohl ein Teil vom Vitamin C durch das Kochen zerstört wird) gerade in Erkältungszeiten mit heißem Wasser aufgegossen zu empfehlen.

Zutaten:

- *750 g reife Hagebutten, Blütenansatz entfernt*
- *250 ml Wasser*
- *1 l Orangen-Direktsaft*
- *Ca. 1 kg Zucker*

Hagebutten waschen und in einen Topf geben. Mit Wasser und Orangensaft auffüllen und 40 Minuten lang bei mittlerer Temperatur kochen, bis die Früchte sehr weich sind.
Durch ein Sieb filtern, mit dem Esslöffel drücken (oder eine flotte Lotte verwenden), bis fast nur noch Kerne und Schalenreste zurück bleiben (erfordert etwas Geduld). Das Mark wieder in den gereinigten Topf geben, den Zucker (1:1) dazu schütten. Kurz aufkochen, bis der Zucker gelöst ist. Dann heiß in kleine Flaschen abfüllen und kühl und dunkel lagern.

Heidelbeersirup

Dieser leckere Heidelbeersirup schmeckt nicht nur mit Wasser oder Mineralwasser aufgespritzt sehr fein, sondern auch in Joghurt, Desserts oder zum Mixen von Cocktails. Heidelbeeren wirken stopfend bei Durchfall und allgemein kräftigend. Die getrockneten Beeren (bei Bedarf 2-3 EL in etwas Wasser einweichen, kurz aufkochen lassen) helfen übrigens gut bei leichteren Durchfallerkrankungen mit Blähungen und Bauchschmerzen.

ACHTUNG: nicht verwechseln mit der giftigen Rauschbeere! Diese hat auch dunkelblaue Beeren wie die Heidelbeere, aber mit grünlich-gelbem Saft!

Zutaten:

- *1 kg Heidelbeeren*
- *200 ml Wasser*
- *500 g Zucker oder Xylit*
- *1 Vanilleschote*

Die Heidelbeeren verlesen, nicht waschen da sie sich sofort mit dem Wasser voll saugen! Mit dem Zucker in eine Schüssel geben und zerdrücken. Gut durchrühren und 1 Tag lang im Kühlschrank ruhen lassen. Am nächsten Tag in einen Kochtopf umfüllen und unter Zugabe vom Wasser und der ausgekratzten Vanilleschote gleichmäßig erhitzen (nicht kochen!), bis der Zucker gelöst ist. Dabei immer vorsichtig umrühren, damit nichts anbrennt. Durch ein feines Sieb filtern und heiß abfüllen.

Himbeersirup

Nach Hildegard von Bingen hilft Himbeersaft morgens und abends getrunken bei Fieber. Empfehlenswert für das Kochen von Himbeersirup ist Sirupzucker.

ACHTUNG: Im Wald gesammelte Himbeeren sind (wie auch die Brombeeren) zwar aromatischer als die Gartenbeeren, aber wegen der Gefahr der Infizierung mit dem Fuchsbandwurm rate ich vom Sammeln dort vor allem bei kaltgerührtem Sirup ab!

Zutaten für Kaltgerührter Himbeersirup:

- *1 kg reife Himbeeren, frisch oder TK*
- *800 g Zucker*
- *50 ml Limettensaft*
- *1 EL Vanillezucker*

Früchte verlesen aber nicht waschen und in eine Schüssel schütten. Zucker, Vanillezucker und Limettensaft zugeben und vermischen. Das Gefäß abgedeckt im Kühlschrank 3 Tage lang Saft ziehen lassen, öfter umrühren. Sirup durch ein Tuch oder einen Nussmilchbeutel passieren, in saubere Flaschen füllen.

Zutaten für Himbeer-Rotwein-Sirup:

- *1 kg reife Himbeeren*
- *1 kg Zucker*
- *300 ml Rotwein (trocken)*

Die verlesenen Himbeeren in einen sauberen Steintopf füllen, mit dem Rotwein übergießen und über Nacht an einem kühlen Plätzchen ruhen lassen. Den Zucker zugeben, gut verrühren und nochmals 1 Tag kühl ruhen lassen. Anschließend durchpassieren, den Sud kurz aufkochen und heiß abfüllen.

Zutaten für Himbeer-Ingwer-Sirup:

- *1500 g reife Himbeeren*
- *1500 g Zucker oder Xylit*
- *350 ml Wasser*
- *20 g Ingwer*

Die Früchte verlesen, in einen Topf geben, mit der Gabel zerdrücken, den Zucker darüber streuen. Ingwer schälen, klein hacken und zugeben. Das Wasser zufügen und alles unter ständigem Rühren zum Kochen bringen. 15 Minuten lang köcheln, durch ein angefeuchtetes Leintuch filtern. Das Tuch gut auspressen. Den Sirup erneut erhitzen, heiß in kleine Flaschen füllen. Kühl und dunkel aufbewahren.

Holunderbeersirup

Holunderbeersaft hilft gut als heißes Getränk bei Erkältungen und Husten und stärkt die Widerstandkräfte, wirkt leicht verdauungsanregend, färbt den Stuhl!
Bitte nur vollreife Beerendolden verwenden!

ACHTUNG: Nur gekocht, nie roh verzehren, kann sonst zu Durchfall und Übelkeit mit Erbrechen führen. Die Kernchen der Beeren müssen bei der Verarbeitung entfernt werden, sie sind schwach giftig, ebenso alle grünen Teile des Strauches.

Zutaten für Einfacher Holundersirup:

- *1,5 kg reife schwarze Holunderbeeren*
- *1 kg Zucker*

Aus den Beeren einen Saft bereiten (mit etwas Wasser im Schnellkochtopf bis zum Ertönen des Drucksignals oder im Elektro-Entsafter), diesen durchpassieren und mit dem Zucker in einen Topf geben. Das Ganze dann etwa 10 Minuten lang einkochen und abfüllen.

Zutaten für Holunderbeersirup mit Gewürzen:

- *1 kg schwarze Holunderbeeren*
- *1 kg Zucker*
- *Mark 1 Vanilleschote*
- *1 Zimtstange*
- *5 Nelken*
- *50 ml Zitronensaft*

Die Beeren von den Stängeln zupfen und mit einer Gabel etwas zerdrücken. Mit 3 Tassen vom Zucker in eine Schüssel geben, gut durchrühren und zugedeckt 2 Tage lang im Kühlschrank ziehen lassen. Öfters umrühren. Durch ein Tuch filtern, den Saft auffangen, nicht zu fest pressen damit er klar bleibt. Zusammen mit dem restlichen Zucker, den Gewürzen und dem Zitronensaft 10 Minuten lang einkochen. Filtern, heiß auf Flaschen ziehen, kühl lagern.

Zutaten für Holunder-Zitrus-Sirup:

- *1 l Holunderbeersaft*
- *1 kg Zucker*
- *2 unbehandelte Zitronen*
- *1 unbehandelte Orange*

Den Saft zusammen mit dem Zucker, dem Saft und der abgeriebenen Schale der Zitrusfrüchte in einem Topf 10 Minuten lang einkochen. Abfiltern, noch heiß abfüllen, kühl lagern.

Holunderbeersirup vom roten Holunder

ACHTUNG: wie auch die Beeren vom Schwarzen Holunder dürfen die des roten Holunders nie roh oder unreif, sondern immer nur gekocht gegessen werden, sie sind sonst giftig und führen zu Brechdurchfall. Dieses Gift ist in den Kernen enthalten und wird durch Kochen nicht zerstört, daher müssen sie unbedingt entfernt werden.

Zutaten:

- *1 kg reife rote Holunderbeeren*
- *300 ml Wasser*
- *etwa 1 kg Zucker*

Die Beeren abzupfen, in eine Glas- oder Porzellanschüssel geben. Mit 250 g Zucker bestreuen, mit einem Stößel etwas anquetschen. An einem kühlen Ort über Nacht ruhen lassen. Am nächsten Tag mit dem Wasser 5 Minuten lang kochen lassen, durch ein Sieb schütten, den Rückstand abpressen und abmessen. Nochmals aufkochen, den restlichen Zucker zugeben (1:1), zum Kochen bringen. 15 Minuten lang sanft köcheln lassen. Abschäumen und noch heiß abfüllen und kühl aufbewahren.

Johannisbeersirup

Nach Hildegard von Bingen schützt die schwarze Johannisbeere vor Gicht, Rheuma, Parkinson und der Alzheimer Krankheit. Allerdings sollte sie mit anderen Früchten gemischt werden um ihren Nutzwert zu steigern. Sie wird auch gegen Wassersucht und bei Ödemen empfohlen. Die Kombination von Johannisbeersaft mit Zitronensaft und Zimt soll die Konzentration steigern und das ermüdete Gehirn erfrischen. Die rote Johannisbeere wird bei Fieber, Verstopfung und Darmentzündung verwendet.
Da Johannisbeeren wie Erdbeeren und Äpfel einen sehr hohen Anteil an Pektin haben und daher leicht gelieren, sollte man sie entweder im Dampfentsafter entsaften oder mit Sirupzucker kochen.

Zutaten:

- *1 kg Johannisbeeren (rote und weiße, auch gemischt, oder schwarze)*
- *800 g Zucker*
- *1 Zimtstange*
- *Saft 1 Zitrone*
- *5 Gewürznelken*

Die gut gewaschenen Beeren in einen Topf geben, 200 ml Wasser zugeben und 30 Minuten lang leicht kochen lassen. Den Sud durch ein Sieb schütten und den Trester fest auspressen. Den erhaltenen Saft nochmals durch ein etwas feineres Sieb in den Topf umschütten, den Zucker hinzufügen, die Gewürze zugeben (sie entziehen dem Sirup Säure) und 30 Minuten lang bei wenig Hitze eindicken lassen.
Achtung, geliert leicht, dann nochmals erwärmen und Wasser zugeben! Wenn der Sirup dann leicht dickflüssig ist, die Gewürze entfernen und noch heiß abfüllen.

Jostabeersirup

Jostabeeren heißt eine Kreuzung aus der Johannisbeere und der Stachelbeere.

Zutaten:

- *1 kg Jostabeeren*
- *1 l Wasser*
- *1,5 kg Zucker*

Die Beeren sorgfältig waschen, in einen Topf geben und mit Wasser bedeckt 1 Stunde lang sanft kochen. Durch ein feuchtes Tuch filtern, den Trester auspressen. Den erhaltenen Saft mit 1/3 vom Zucker nochmals 30 Minuten lang leicht kochen lassen. Über Nacht zugedeckt ruhen lassen. Am nächsten Tag den restlichen Zucker zugeben und erneut zum Kochen bringen, nach 15 Minuten Kochzeit heiß in Flaschen füllen.

Kaki-Ingwer-Sirup mit Vanille

Zutaten:

- *500 g reife Kaki*
- *20 g Ingwer, geschält*
- *1 Vanilleschote*
- *300 ml Wasser*
- *50 ml Zitronensaft*
- *1 kg heller Rohrzucker oder Zucker, weiß*

Kakifrüchte schälen, klein würfeln. Ingwer fein hacken. Vanilleschote längs aufschlitzen, Mark heraus kratzen. Alles mit dem Zucker zusammen in eine Schüssel geben und gut durchmischen. Im Kühlschrank 2 Tage lang Saft ziehen lassen. Wasser und Zitronensaft zugeben, durchrühren, durch ein feines Sieb oder einen Nussmilchbeutel passieren. In einen Kochtopf umschütten und zum Kochen bringen, 5 Minuten lang sanft köcheln lassen, heiß abfüllen.

Kirschsirup

Zutaten:

- *3 kg Kirschen (Süßkirsche, Wildkirsche oder Weichsel)*
- *500 ml Wasser*
- *Etwa 2 kg Zucker*
- *1 TL gemahlenen Zimt nach Geschmack*
- *Saft von 1 Zitrone*
- *für Erwachsene: 50 ml Kirschwasser*

Die gewaschenen Früchte mit dem Wasser aufsetzen und etwa 25 Minuten lang abgedeckt weich kochen. Ganze Früchte mit einem Stößel oder Schöpflöffel zerdrücken (ohne die Kerne zu brechen), alles durch ein Tuch filtern. Den erhaltenen Saft abmessen und mit dem Zucker (auf 1 l Saft 1 kg Zucker) und gegebenenfalls dem Zimt nochmals aufkochen lassen, mit dem Zitronensaft oder dem Kirschwasser abschmecken und in Flaschen füllen. *Alternativ:* nicht mehr aufkochen lassen, sondern nur gut durchrühren, bis der Zucker gelöst ist und bei 80°C 30 Minuten lang sterilisieren.

Kornelkirschensirup

Kornelkirschen verfügen über starke Heilkräfte, nach Hildegard von Bingen reinigen sie das Blut, stärken sowohl einen gesunden als auch einen kranken Magen und fördern dadurch die Abwehrkraft. Sie wirken adstringierend und enthalten viele Gerbstoffe.

ACHTUNG: *die wildwachsende Kornelkirsche steht unter Naturschutz, daher nur die Früchte von Kulturpflanzen verwenden.*

Zutaten für Kornelkirschsirup mit Vanille:

- *1,5 kg reife Kornelkirschen*
- *500 ml Wasser*
- *1 kg Zucker*
- *1 Vanillestange (oder 3 Tütchen Vanillezucker)*
- *1 Zimtstange*

Die Kirschen waschen, in einen Kochtopf schütten. Wasser zugeben sowie die aufgeschlitzte Vanilleschote und die Zimtstange. 1 Stunde lang sanft kochen lassen.
Durch ein Tuch filtern. Abmessen, auf 1 l Saft 1,2 kg Zucker zugeben und nochmals 5 Minuten lang wallend kochen lassen. Heiß in saubere Flaschen abfüllen und kühl lagern.

Zutaten für Kornelkirschsirup mit Weißwein:

- *1 kg reife Kornelkirschen*
- *100 ml Wasser*
- *400 ml trockener Weißwein*
- *1 kg Zucker*
- *1 Vanillestange*
- *½ Zimtstange*

Die Kirschen waschen, Stiele entfernen. Zusammen mit der Hälfte vom Zucker in einen Steinguttopf geben und über Nacht ruhen lassen, mit einem Brettchen beschweren.
Am nächsten Tag restlichen Zucker, Wasser, Wein, aufgeschlitzte Vanillestange und den Zimt zusammen mit den Kornelkirschen in einen Kochtopf füllen. 30 Minuten lang kochen lassen, abschäumen. Durch ein Sieb schütten, die Kirschen gut durchpressen. Den Sirup nochmals bis zum Siedepunkt erhitzen, heiß in Flaschen füllen, kühl lagern.

Mango-Zitrus-Sirup

Zutaten:

- *2 reife Mangos*
- *2 Bio-Zitronen*
- *800 g Zucker*
- *250 ml Orangen-Direktsaft (oder frisch gepressten Saft)*

Mangos schälen, Fruchtfleisch vom Kern schneiden und dieses in kleine Stücke schneiden. Zitronen heiß abwaschen, abtrocknen. Die Schale mit einer Reibe oder einem Zestenreißer abziehen, Saft auspressen.
Alles mit dem Zucker zusammen in eine Schüssel geben und gut durchmischen. Im Kühlschrank 2 Tage lang Saft ziehen lassen. Orangensaft zugeben, durchrühren, durch ein feines Sieb oder einen Nussmilchbeutel passieren. In einen Kochtopf umschutten und zum Kochen bringen, 5 Minuten lang sanft köcheln lassen, heiß abfüllen.

Maulbeersirup

Maulbeersirup lässt sich auch aus Maulbeersaft kochen, auf 1 l Saft gibt man 900 g Zucker und kocht beides 10-15 Minuten lang kräftig ein.

Zutaten:

- *1 kg reife rote oder schwarze Maulbeeren*
- *Wasser*
- *Zucker*

Die Maulbeeren gut verlesen und vorsichtig waschen. In einen Topf geben, mit 0,5 l Wasser auffüllen und langsam zerkochen, bis sich der Saft im Topf sammelt. Abgießen und die Beeren durch ein Sieb passieren. Auf 1 l Saft verwendet man 1 kg Zucker, die man zusammen in einem Topf 10 Minuten lang wallend einkochen lässt. Heiß abfüllen und kühl lagern.

Mirabellensirup

Zutaten:

- *1,5 kg Mirabellen*
- *500 ml Wasser*
- *1,5 kg Zucker*
- *1 Vanillestange*
- *50 g Zitronensaft*

Die Mirabellen waschen, halbieren und mit dem Wasser im Topf weich kochen lassen, dann durch ein feuchtes Tuch pressen und abmessen.
Mit dem Zucker und der aufgeschlitzten Vanillestange unter Rühren zu einem Sirup kochen lassen. Zitronensaft einrühren und noch heiß in Flaschen füllen, kühl lagern.

Orangensirup

Zutaten:

- *2 kg Bio-Orangen*
- *1 kg Zucker*
- *500 g Würfelzucker*
- *1 l Wasser*
- *10 g Zitronensäure*

Die Orangen abwaschen, trocknen und die Schale mit dem Würfelzucker fest abreiben. In einen Steinguttopf füllen. Die Orangen auspressen und den Saft dazugeben. Den übrigen Zucker mit dem Wasser zu einem Sirup kochen und dazu gießen, gründlich durchmischen. Den Sirup zugedeckt 24 Stunden an einem kühlen Ort ruhen lassen. Die Zitronensäure in 2 EL heißem Wasser auflösen und dazugeben, das Ganze nochmals weitere 2 Tage kühl stehen lassen, öfters umrühren. Dann durch ein Tuch klar filtern und auf Flaschen ziehen, kühl lagern.

Orangensirup nach englischer Art

Zutaten:

- *10 Bio-Orangen*
- *1,25 kg Zucker*
- *100 g Zitronensaft*
- *Wasser*

Schmeckt auch mit Mandarinen statt Orangen sehr lecker!

Die Orangen waschen und abtrocknen. Die Schale mit einem Sparschäler oder Zestenreißer in möglichst langen Streifen abziehen (ohne die weiße Haut!), mit 200 g Zucker mischen und beiseite stellen. Nun die weiße Haut von den Orangen schneiden (sie ist bitter) und das Fruchtfleisch in größere Stücke schneiden. In einen Topf geben und mit Wasser bedecken. Kochen, bis der Saft aus den Orangen „herausgekocht" ist. Durch ein angefeuchtetes Tuch pressen, fest auswringen. Den Saft wieder zum Kochen bringen, Zitronensaft, Schalenzucker und Zucker zugeben. Etwa 15 Minuten lang köcheln, bis der Sirup eindickt. Noch heiß in die Flaschen füllen.

Orangen-Passionsfruchtsirup mit Vanille

Zutaten:

- *1 l frisch gepresster Orangensaft*
- *1 kg Zucker*
- *4 Passionsfrüchte*
- *Mark 1 Vanilleschote*
- *Saft 1 Zitrone*

Passionsfruchtfleisch auskratzen. Zucker, Saft, Vanillemark, Passionsfruchtmark und Zitronensaft in einem Topf zum Kochen bringen. 10 Minuten lang köcheln lassen, abfiltern und noch heiß in Flaschen abfüllen. Kühl lagern.

Pfirsichsirup

Zutaten:

- *1,5 kg reife Pfirsiche*
- *1 kg Zucker*
- *100 g Zitronensaft*

Die Pfirsiche waschen, entsteinen, in Stücke schneiden, in eine Schüssel füllen. Zucker zugeben und gut vermischen. 2 Tage im Kühlschrank ruhen lassen. Zitronensaft zugeben. Durch ein Tuch passieren, nicht fest drücken, damit nicht zuviele Trübstoffe in den Sirup gelangen. Nach Wunsch noch aufkochen oder sofort abfüllen. Das restliche Pfirsichmark kann mit Gelierzucker zusammen und etwas Zitronensaft zu Marmelade weiter verarbeitet werden.Der Sirup schmeckt sehr gut mit eisgekühlten Schwarzen Tee.

Preiselbeersirup

Zutaten:

- *1 kg Preiselbeeren*
- *300 ml Wasser*
- *900 g Zucker*

Die gewaschenen Beeren im Wasser weich kochen, zerquetschen und leicht durch ein feuchtes Tuch drücken. Den Saft auffangen, mit dem Zucker verrühren, aufkochen bis der Zucker ganz gelöst ist und der Saft eindickt. Noch heiß abfüllen.

Rhabarbersirup

Rhabarbersirup verfügt immer noch über einen Anteil Restsäure und enthält Harnsäure, daher sollte er in Maßen getrunken werden. Als Dessertzugabe z.B. zu Pudding, Eis oder Mousse au Chocolate ist er sehr zu empfehlen!

Zutaten:

- *1,25 kg rote Rhabarberstangen*
- *Etwa 1,5 kg Zucker*
- *600 ml Wasser*

Im Schnellkochtopf etwa bis zum Ertönen des Drucksignals oder im Kochtopf 1 Stunde lang den in Stücke geschnittenen und gewaschenen Rhabarber kochen lassen.
Den Saft durch ein feuchtes Tuch filtern, abmessen und auf 1 l Saft 1,3 kg Zucker in einen Topf geben. Unter Rühren 15 Minuten lang sanft kochen lassen bis er eindickt. Abschäumen und noch heiß in die Flaschen füllen.

Sanddornsirup

Sanddornbeeren haben einen sehr hohen Gehalt an Vitamin C, wobei etwa die Hälfte beim Kochen verloren geht. Daher möglichst schonend verarbeiten. Sirup lässt sich auch aus fertigem Saft herstellen, dann jedoch testen, wieviel Zucker man benötigt, da unser selbst zubereiteter Saft sehr sauer ist.

Zutaten:

- *1 kg Sanddornfrüchte*
- *1 kg Zucker*

Die sauberen Beeren im Entsafter auspressen oder mit wenig Wasser im Schnellkochtopf entsaften bis zum Ertönen des Signals. Den Saft filtern, auf 500 g Saft 700 g Zucker zugeben, kurz kochen lassen bis der Zucker gut aufgelöst ist und noch heiß in die Flaschen füllen.

Sanddorn-Orangen-Sirup

Zutaten:

- *0,7 l Sanddornsaft*
- *0,7 l Orangen-Direktsaft (oder frisch gepresster Saft)*
- *1 Vanilleschote*
- *1 kg Zucker*

Vanilleschote längs aufschlitzen und das Mark herauskratzen. Mit dem Sanddornsaft und dem Orangensaft in einen Kochtopf geben und etwa 25-30 Minuten lang auf 1 l reduzieren. Zucker zugeben und nochmals 5 Minuten lang wallend kochen lassen. Durch ein Sieb filtern und in Flaschen abfüllen.

Schlehensirup

Die herbsauren Früchte des Schlehdorns werden nach der ersten Frostnacht milder, darum nicht vorher sammeln! Schlehensirup eignet sich gespritzt mit Mineralwasser als Getränk, passt aber auch gut zu Desserts, Mehlspeisen und Sorbets. Schlehen helfen bei Durchfall und wirken wassertreibend und anregend auf den Stoffwechsel.

Zutaten für Schlehensirup mit Vanille:

- *1,5 kg Schlehen*
- *750 ml Wasser*
- *750 g Zucker*
- *1 Vanilleschote*
- *1 Zimtstange*

Die Schlehen waschen, Stielansätze entfernen. In einen Topf geben und mit dem Wasser an einem kühlen Ort 24 Stunden lang ruhen lassen. Die Flüssigkeit mit der zerbrochenen Zimtstange und der aufgeschlitzten Vanille in einen Kochtopf schütten und aufkochen, über die Früchte gießen. Noch zweimal wiederholen. Dann das Mus mit dem Saft und dem Zucker 30-40 Minuten lang leicht kochen lassen, bis die Schlehen sehr weich sind. Abschäumen, den Saft absieben und noch heiß abfüllen.

Zutaten für Schlehen-Apfel-Sirup:

- *1 kg Schlehen*
- *1 l Wasser*
- *1 l Apfel-Direktsaft*
- *1 kg Zucker oder Sirupzucker*
- *1 Vanillestange*
- *nach Geschmack ½ TL gemahlener Anis*

Die Schlehen waschen, Stielansätze entfernen. In einen Topf geben, mit Wasser bedeckt an einem kühlen Ort 24 Stunden lang ruhen lassen. Dann das Wasser wegschütten.
Die Früchte mit dem Apfelsaft, der aufgeschlitzten Vanillestange und dem Zucker sowie nach Belieben mit dem Anis aufkochen lassen. 30-40 Minuten lang zugedeckt bei kleiner Flamme köcheln, bis die Schlehen sehr weich sind, dabei öfter umrühren.
Die Schlehen dann durch ein sauberes, feuchtes Tuch filtern. Den aufgefangenen Saft zusammen nochmals 5 Minuten lang wallend einkochen, abschäumen und noch heiß in saubere Flaschen füllen.

Stachelbeersirup

Zutaten:

- *2 kg reife Stachelbeeren (am besten rote)*
- *600 ml Wasser*
- *2 kg Zucker*
- *50 g Zitronensaft*

Die Früchte waschen, mit dem Wasser in einem Topf zerkochen lassen. Durch ein feuchtes Tuch passieren, nicht drücken, um nur den klaren Saft zu erhalten. Diesen nun mit dem Zucker (1:1) und dem Zitronensaft etwa 10 Minuten zu einem Sirup einkochen und abschäumen. Noch heiß in Flaschen abfüllen oder bei 70°C 30 Minuten lang sterilisieren, dann kühl lagern.

Walderdbeersirup

Sirup aus Walderdbeeren (also die kleinen, aromatischen, wildwachsenden Mini-Erdbeeren) schmeckt noch aromatischer, als der aus Gartenerdbeeren, hat jedoch eine leichte Bitternote. Er eignet sich sehr gut zum Mixen von Cocktails, zur Eisherstellung, und für Desserts.

Zutaten:

- *750 g Walderdbeeren*
- *150 ml Wasser*
- *1 EL Vanillezucker (mit echter Vanille)*
- *500 g Zucker*
- *5 g Zitronensäure oder Saft 1 Zitrone*

Wer mag, lässt noch etwas Waldmeisterkraut 1 Stunde lang mit den Erdbeeren ziehen, dann entfernen!

Die sauberen Walderdbeeren mit dem Zucker in ein Glas geben, mit einem Stößel etwas zerdrücken und 24 Stunden lang ziehen lassen, gelegentlich umrühren. In einen Topf umfüllen, mit dem Wasser zum Kochen bringen, durch ein Tuch passieren. Saft mit dem restlichen Zucker in einen Topf geben und aufkochen lassen. Zitronensäure oder Zitronensaft zugeben, kurz erhitzen bis zum Siedepunkt, dann abschäumen und noch heiß abfüllen.

Zitronensirup

Schmeckt auch gut als Eiswürfel eingefroren, mit Mineralwasser übergossen ergibt das eine fruchtige Limonade.

Zutaten:

- *8 Zitronen*
- *2,5 kg Zucker*
- *2 l Wasser*

Zucker mit dem Wasser 10 Minuten zu einem Sirup kochen und abschäumen. Zitronen heiß abwaschen und abtrocknen. Die Schale dünn abschälen (ohne die weiße Haut). Die Schalen dann mit der Zuckerlösung in einen Steinguttopf oder ein großes Glas geben und 2 Tage lang kühl stellen. Die abgeschälten Zitronen in der Zwischenzeit im Kühlschrank in einer Tüte aufbewahren.
Dann die Zitronen auspressen. Mit dem Sirup mischen und in einem Kochtopf zum Kochen bringen, 5 Minuten lang einkochen. Durch ein Sieb filtern und heiß abfüllen.

Bitter Lemon Sirup

Zutaten:

- *4 Bio-Zitronen*
- *350 g Zucker*

Zitronen gründlich abwaschen und abtrocknen. Vierteln, dann in einem kräftigen Mixer fein hacken, wenn nötig, 50 ml Wasser zugeben. Den Zucker einrühren und das Ganze dann 2 Stunden lang stehen lassen. In einem Kochtopf zum Kochen bringen und etwa 5 Minuten lang sprudeln lassen. Herdplatte ausschalten, den Sirup noch 5 Minuten lang ziehen lassen. Dann durch ein feines Sieb oder ein Tuch filtern, bis er klar ist. Abfüllen, fertig.

Zwetschgensirup

Bitte beachten Sie, dass Zwetschgen (vor allem nüchtern eingenommen) eine abführende Wirkung haben, sie fördern die Verdauung und regen den Appetit an. Üblicherweise wird dies bei der Einnahme von Dörrzwetschgen oder -pflaumen ausgenutzt. Falls der Sirup zu stark geliert, mit Antigeliermittel nochmals nach Anleitung verflüssigen oder etwas Wasser zugeben und erneut aufkochen.

Zutaten:

- *2 kg Zwetschgen*
- *1,5 l Wasser*
- *1,5 kg Zucker*
- *1 Zimtstange*

Zwetschgen waschen und mit dem Wasser in einem Topf weich kochen (evtl. auch im Schellkochtopf bis zum Drucksignal kochen). Den Obstbrei durch ein Tuch passieren, bis der Saft klar ist. Mit dem Zucker und dem Zimt 10 Minuten zu einem Sirup kochen. Den Zimt entfernen, abschäumen, auf Flaschen ziehen. Nach Wunsch bei 70°C 25 Minuten lang sterilisieren lassen. Kühl und dunkel lagern.

Feiner Sirup aus Blüten

Für einen aromatischen Sirup müssen die Blüten frisch gepflückt werden. Man erledigt dies am besten am späten Vormittag eines sonnigen Tages, wenn der Tau bereits abgetrocknet ist und die Blüten süß duften. Idealerweise hat es 1 bis 2 Tage vorher auch nicht geregnet. Blüten niemals waschen, nur verlesen, um mitgebrachte „Bewohner" zu entfernen und Unreinheiten zu entfernen. Grünes von Blättern und Stielen werden in der Regel aussortiert (Fliederblüten), weggeschnitten (Rosenblüten) oder gekürzt (Holunderblüten).

Den meisten Blütensirupen tut etwas Zitronensaft gut, damit gemischte Getränke frischer schmecken, doch zuviel davon überdeckt die zarten Aromen schnell. Am besten testet man dies aus: 1 EL Sirup mit 1 Trinkglas kaltem Wasser verdünnen und probieren.

Hübsch sieht auch Sirup aus, dem man ein paar von den frischen Blüten vor dem Abfüllen zugibt, jedoch kann dies die Haltbarkeit verringern.

Neben nachfolgend genannten Blüten eignen sich zur Sirupherstellung sehr gut auch Blüten von der Kastanie (weiß oder rot), Rosengeranie, Kirsche, Salbei, Gundermann, Tagetes, Indianernessel, Borretsch (Foto rechts), Königskerze, Malve, Lupine ...
Jedes Rezept lässt sich auch mit abgekühltem Läuterzucker herstellen (siehe Rezept Seite 13).

Akazienblütensirup

Hier verwenden wir die Blüten der Robinia pseudoacacia, auch „Falsche" Akazie oder Scheinakazie genannt. Sie wächst gerne am Waldrand oder Straßenrändern, wobei wir selbstverständlich möglichst nur dort sammeln, wo kein Verkehr herrscht.

Zutaten:

- *15 bis 20 Akazienblütendolden*
- *400 g Kristallzucker*
- *400 g Wasser*
- *1 ungespritzte Zitrone, in Scheiben geschnitten*
- *1 großes Einmachglas oder Schüssel*

Die Blüten von den Stängeln zupfen, in das Gefäß geben. Zucker, Wasser und die Zitronenscheiben dazu geben. Abgedeckt 5 Tage lang stehen lassen, täglich umrühren. Durch ein Tuch filtern, in eine saubere Flasche geben und kühl aufbewahren. Nach Wunsch kann der Sirup auch vor dem Abfüllen kurz aufgekocht und dann heiß abgefüllt werden, um die Lagerfähigkeit zu verbessern.

Fliederblütensirup

Die stark duftenden Blüten dieses Frühlingsblühers aus der Familie Syringa erfreuen nicht nur unser Auge sondern auch den Gaumen, denn sie sind durchaus essbar, wenn auch alle grünen Teile des Baumes leicht giftig sind. Daher die Blüten von den Stielen abzupfen. Dieser Sirup schmeckt gut als Aperitif mit Mineralwasser oder Sekt aufgegossen.

ACHTUNG: sogenannter Schmetterlings – oder Sommerflieder ist giftig und darf nicht verwendet werden!

Zutaten:

- *6 Blütenrispen lila Flieder*
- *Saft und Schale 1 Bio-Zitrone*
- *1 l Apfelsaft*
- *1 l Wasser*
- *2 kg Zucker*

Die Blüten von den Stielen zupfen, bis nichts grünes mehr daran ist. Mit den übrigen Zutaten in eine große Schüssel geben und 3 Tage lang an einem kühlen Ort ruhen lassen, mehrmals täglich umrühren. Dann absieben und abfüllen.

Heideblütensirup

Zutaten:

- *250 g Heideblüten (frisch)*
- *700 g Zucker*
- *700 ml Wasser*
- *2 Zitronen*

Achten Sie darauf, dass die Blüten nicht gespritzt oder behandelt wurden! Im Garten oder wildwachsend in der Natur (meist in der Heide) gesammelt, geht man – je nach Standort – auf „Nummer Sicher".

150 g der Blüten in einer nichtmetallischen Schüssel (hitzebeständiges Glas, Keramik, Porzellan) mit dem kochenden Wasser übergießen. Abdecken und über Nacht ziehen lassen, dann abgießen, die Blüten fest ausdrücken. Die Blüten wiederum in die Schüssel schütten und die restlichen 100 g frische Blüten dazugeben. Den Zucker in der bereits gewonnenen Flüssigkeit lösen und erhitzen, heiß nochmals über die Blüten gießen, gut durchmischen. Abgedeckt im Kühlschrank 24 Stunden lang ruhen lassen. Absieben, bis zum Siedepunkt erhitzen und auf Flaschen ziehen oder (statt Erhitzen) gleich in kleine Flaschen abfüllen.

Heckenrosenblütensirup

Zutaten:

- *100 g Heckenrosenblüten, frisch (ohne Grün)*
- *250 g Zucker*
- *400 ml Wasser*
- *250 g Honig (Akazienblütenhonig z.B. passt gut dazu)*

Füllen Sie die sauberen Blütenblätter mit dem Zucker in ein Gefäß, überbrühen diese mit dem kochenden Wasser und rühren um, bis der Zucker sich gelöst hat. Abkühlen lassen, dann filtern, die Blätter dabei gut auspressen. Nochmals aufkochen etwa 10 Minuten lang reduzieren. Lauwarm mit dem Honig mischen und in Flaschen füllen.

Holunderblütensirup

Holunderblütensirup schmeckt nach Frühling! Man gießt ihn mit Mineralwasser oder auch die Erwachsenen-Variante mit Sekt oder Prosecco auf. Auch als leichter Schlaftrunk (1-2 EL mit heißer Milch aufgießen) gerne genommen. Es können Rückstände von Blütenstaub enthalten sein, die aber bei diesem Naturprodukt nicht stören sollten. Bei Verwendung von frischer Zitrone (ebenso wie bei Rohzucker) muss darauf geachtet werden, dass sich schneller Schimmelpilze bilden als nur bei der Verwendung von Zitronensäure. Holunderblüten sind schweißtreibend, bei Erkältung, Fieber oder drohender Erkältung ein erwünschter Effekt. Breiten Sie die frisch gepflückten Holunderblütendolden erst für 30 Minuten auf ein weißes Tuch oder auf Zeitungspapier aus, damit die Insekten, die sich darin befinden, Zeit haben um daraus zu flüchten. Vitamin C (Ascorbinsäure) wird für die Haltbarkeit verwendet, ist aber kein „Muss".

Zutaten für Holunderblütensirup (Kaltmethode):

- *15 Blütendolden*
- *1 kg Zucker*
- *1 unbehandelte Zitrone*
- *5 g Vitamin C*
- *1 l Wasser*

Die Blüten mit dem Zucker und der in Scheiben geschnittenen Zitrone (vorher gut abwaschen) in eine Schüssel geben. Das Wasser kochen lassen, abkühlen und zu den Blüten gießen. Vitamin C darin auflösen. Abgedeckt 4 Tage lang an einem kühlen Platz stehen lassen, öfter umrühren. Anschließend klar filtern und in saubere Flaschen abfüllen, kühl und dunkel lagern.

Zutaten für Holunderblütensirup (Kochmethode):

- *etwa 5-7 Holunderblütendolden (je nach Größe)*
- *0,75 l Wasser*
- *1 Zitrone*
- *700 g Zucker*

Die Blütendolden gut reinigen, aber nicht waschen, dicke Stängel abschneiden. In einen Topf geben und mit dem Wasser erhitzen. Etwa 2 Minuten lang aufwallen lassen, Herd ausschalten und über Nacht auskühlen lassen. Durchfiltern in einen anderen Topf. Den Saft der Zitrone auspressen und zufügen, den Zucker hineingeben und wieder aufkochen lassen. Noch heiß in gut gespülte Flaschen füllen und verschließen. Kühl lagern.

Holunderblüten-Apfelsirup

Zutaten:

- *15 Blütendolden*
- *1 l Apfelsaft, klar*
- *1 kg Zucker*
- *1 Bio-Zitrone*
- *1 Bio-Orange*

Apfelsaft bis zum Kochen erhitzen. Die gereinigten Blütendolden in eine Schüssel geben und mit dem heißen Saft übergießen, Zucker einrühren. Die Zitrone und die Orange heiß abwaschen und abtrocknen. In dünne Scheiben aufschneiden und zugeben. 2 Tage im Schatten stehen lassen, dann filtern. In saubere Flaschen füllen, kühl und dunkel lagern.

Holunderblüten-Erdbeer-Sirup

Zutaten:

- *15 Blütendolden*
- *1 l Wasser*
- *1,2 kg Zucker*
- *1 Bio-Zitrone*
- *1 kg Erdbeeren*

Wasser und die Hälfte vom Zucker zum Kochen bringen, 5 Minuten lang sprudelnd kochen, etwas abkühlen lassen. Die gereinigten Blütendolden in eine Schüssel geben und mit dem Sirup begießen, so dass alles bedeckt ist. Mit einem Teller bedecken und 2 Tage im Schatten stehen lassen.
In der Zwischenzeit die Erdbeeren waschen, putzen, klein schneiden. Mit dem Saft und der Schale der Bio-Zitrone sowie dem Zucker vermischen und ebenfalls 2 Tage lang ziehen lassen, aber im Kühlschrank.
Beides durch ein Tuch passieren, die Erdbeeren dabei nur leicht drücken. Beide Sirupe zusammen schütten und in einem Kochtopf kurz zum Kochen bringen. Noch heiß abfüllen, kühl und dunkel lagern.

Indianernessel-Sirup

Die Indianernessel wird auch als Goldmelisse bezeichnet und hilft bei Erkältung, Husten, Verschleimung der Bronchien und beruhigt dem Magen. Dieser Sirup schmeckt besonders lecker als Aperitif mit Sekt aufgegossen!

Zutaten:

- *500 g Blütenhonig*
- *500 ml Wasser*
- *2 Handvoll rote Indianernesselblüten*

Die Blüten ohne Kraut und Blätter in ein großes Glas geben. Das Wasser aufkochen, den Honig zugeben. Abkühlen lassen und über die Blüten geben. Das abgedeckte Glas dann für 3 Tage in die Sonne stellen. Danach filtern und sanft erhitzen bis zum Siedepunkt. Heiß in saubere Flaschen füllen, kühl aufbewahren.

Jasminblütensirup

Jasminblüten sollen am Abend geerntet werden, weil sie dann am stärksten duften, zur Verarbeitung nur trockene Blütenblätter verwenden! Jasminblütensirup schmeckt besonders gut in Grünem Tee.

Zutaten:

- *100 g Jasminblüten, frisch*
- *1 l Wasser*
- *1 kg Zucker*
- *1 Zitrone (ungespritzt)*

Wasser und Zucker zum Kochen bringen und 5 Minuten lang sanft köcheln lassen. Die Zitrone in Scheiben schneiden und zugeben. Etwas abkühlen lassen und noch leicht warm die Blüten zugeben. Zugedeckt an einem kühlen Ort 3 Tage lang ruhen lassen. Dann abseihen und abfüllen. Nach Belieben vorher nochmals kurz aufkochen lassen oder sterilisieren.

Lavendelsirup

Lavendel enthält bekanntlich viele ätherische Öle, die stark duften. So verhält es sich auch im Geschmack. Ich mische Lavendelblüten gerne mit den Blättern der Zitronenverbene, um einen frischeren Sirup zu bekommen, der meist gut ankommt.

Zutaten für Lavendel-Birnen-Sirup mit Vanille:

- *1 Vanilleschote*
- *1 l Birnen-Direktsaft*
- *1 Handvoll frische Lavendelblüten*
- *1 kg Zucker oder Xylit*
- *nach Belieben etwas Zitronensaft*

Die Vanilleschote längs aufschlitzen und das Mark heraus kratzen. Mit dem Birnensaft zum Kochen bringen und 5 Minuten lang köcheln lassen. Zucker oder Xylit darin auflösen, nochmals 3 Minuten lang kochen. Über die Lavendelblüten gießen und 1 Tag an einem kühlen hellen Ort ruhen lassen. Durchfiltern, eventuell Zitronensaft zugeben und nochmals kurz aufkochen, heiß abfüllen.

Zutaten für Lavendel-Zitronen-verbenen-Sirup:

- *2 EL Lavendelblüten*
- *4 EL Zitronenverbenenblätter, frisch oder 2 EL getrocknet*
- *1 l Wasser oder Apfel-Direktsaft*
- *1 kg Zucker oder Xylit*
- *Saft 1 Zitrone*

Wasser oder Apfelsaft mit dem Zucker oder Xylit zum Kochen bringen und 10 Minuten lang köcheln. Zitronenverbene klein hacken, mit den Lavendelblüten in eine Schüssel geben und mit dem heißen Sirup übergießen. 1 Tag an einem kühlen hellen Ort ruhen lassen. Abfiltern, Zitronensaft zugeben und nochmals kurz aufkochen, heiß abfüllen.

Statt Zitronenverbene kann man auch 2 EL geschnittenen Salbei für einen feinen Kräutersirup verwenden.

Lindenblütensirup

Lindenblüten helfen ausgezeichnet bei Erkältungskrankheiten durch ihre fiebersenkende und schweißtreibende Wirkung. Gleichzeitig stärken sie die Abwehr. Sie können auch gut mit Holunderblüten gemischt werden, die eine ähnliche Wirkung haben. Die Linde war den Germanen heilig, sie wurde meist in Dreiergruppen an den Versammlungsplätzen angepflanzt (Thingplätze). Auch heute noch gibt es oftmals die „Dorflinde", bei der man sich trifft.

Zutaten für Lindenblüten-Vanille-Sirup:

- *2 Handvoll frische oder*
- *1 Handvoll getrocknete Lindenblüten*
- *Mark 1 Vanilleschote*
- *500 g Zucker*
- *500 ml Wasser*

Die Blüten, Vanillemark, Wasser und Zucker in einem Kochtopf erhitzen. 10 Minuten lang köcheln, Herd ausmachen. Abgekühlt absieben und abfüllen.

Zutaten für Lindenblüten-Honig-sirup:

- *2 Handvoll frische Lindenblüten*
- *1 l Wasser*
- *700 g Zucker*
- *200 g Lindenblütenhonig*
- *Saft und Schale 1 Bio-Zitrone*

Aus dem Wasser und dem Zucker einen Sirup kochen. Die Blüten zugeben, etwas abkühlen lassen, dann den Honig, Zitronensaft und -schale einrühren. Zugedeckt 3 Tage lang an einem kühlen Ort ruhen lassen. Abseihen und auf Flaschen ziehen.

Löwenzahnblütensirup

Achtung: dieser Sirup kristallisiert aus, wenn er in nasse Gläser oder Flaschen gefüllt wird, daher diese gut vor der Befüllung trocknen! Das gleiche passiert übrigens, wenn er zu lange gekocht wird. Im Volksmund bezeichnet man Löwenzahnblütensirup als „Löwenzahnhonig", in Hessen als „Hummelhoink", er wird auch als blutreinigender (d.h. stoffwechselfördernder) Honigersatz zum Süßen verwendet. Er eignet sich auch sehr gut für eine Entgiftungskur im Frühjahr, eventuell kombiniert mit Brennnessel. In der Makrobiotik wird Löwenzahn als eines der positivsten Nahrungsmittel für den Menschen des Westens bezeichnet.

Zutaten:

- *3-4 Handvoll frische Löwenzahnblüten (immer bei Sonnenschein pflücken, wenn der Tau bereits abgetrocknet ist!)*
- *1 l Wasser*
- *1 kg Zucker*

Die Blütenköpfe gut ausschütteln um alle eventuellen „Gäste" zu entfernen, Reste von Stängeln und Blättern entfernen. Die Blüten mit dem Wasser erhitzen und 60 Minuten lang simmern lassen. Dann alles durch ein angefeuchtetes Tuch filtern, gut auspressen. Den Zucker zu dem Sud geben und 20 Minuten lang zu einem Sirup einkochen lassen, auf kleinster Stufe. Noch heiß in die vorbereiteten Gläser oder Flaschen füllen und kühl aufbewahren. Bald verbrauchen, um die wirksamen Stoffe gut zu nutzen!

Magnolienblüten-Sirup

Sie sind tatsächlich essbar: die wunderbar duftenden Blüten der Magnolie, die in den Farben weiß, rosa oder gestreift unsere Sinne im Frühling erfreuen. Man kann sowohl aus den frischen wie aus getrockneten Blüten einen extravagant anmutenden Sirup herstellen. Magnolienblütentee ist meist nur als Mischung mit weißem oder grünem Tee zu kaufen, daher muss man sie wohl selbst pflücken und langsam (nicht über 35°C und im Schatten) trocknen.

Zutaten:

- *2 Handvoll frische Magnolienblüten oder 50 g getrocknete*
- *1 l Wasser*
- *950 g Zucker*
- *3 EL Blütenhonig*

Aus dem Wasser und dem Zucker einen Sirup kochen, abkühlen lassen, Honig einrühren. Blüten in ein Schraubglas füllen, mit dem Sirup auffüllen, so dass alles gut bedeckt ist. 2 Tag lang abgedeckt kühl stehen lassen, gelegentlich umrühren. Dann abfiltern, nochmals kurz aufkochen. Dann heiß abfüllen.

Melissenblütensirup

Die Blüten haben eine schwächere Wirkung und werden meist nicht als Heilkräutertee verwendet, dafür haben sie aber ein feineres Aroma als das Kraut und die Stängel. Für unseren Sirup verwenden wir sie daher gerne als wohlschmeckenden Durstlöscher.

Zutaten:

- *125 g Melissenblüten*
- *1 kg Zucker*
- *1 l Wasser*
- *10 g Zitronensäure*

Die Blüten in einen Steinkrug oder ein hitzebeständiges großes Glas geben. Das Wasser aufkochen, den Zucker darin auflösen, abschäumen und noch heiß über die Blüten gießen. Das Ganze ziehen lassen, bis die Blüten ihre Farbe verloren haben oder 2 Tage. Dann die Zitronensäure einrühren und abfiltern, auf Flaschen ziehen und verschließen.

TIPP: aus diesem Sirup lässt sich auch ein exzellenter Melissenlikör bereiten: Einfach nur mit Wodka im Verhältnis 1:1 mischen, ruhen lassen, nach ein paar Wochen Ruhezeit genießen!

Minzblütensirup

Die Blüten der Pfefferminze werden eher selten verwendet, ergeben aber ein besonders leckeres Aroma für Sirup.

Zutaten:

- *1 Bio-Orange*
- *1 Bio-Zitrone*
- *500 ml Apfel-Direktsaft*
- *500 ml Wasser*
- *1 kg Zucker*
- *5 EL Minzblüten, frisch oder getrocknet*

Orange und Zitrone heiß abwaschen und abtrocknen. Die Schalen mit einem Zestenreißer oder Sparschäler abziehen. Mit dem Saft, Wasser und Zucker in einen Kochtopf geben und 10 Minuten lang köcheln lassen.

Minzblüten in eine Schüssel geben und den heißen Sirup darüber gießen. 2 Tage lang abgedeckt an einem kühlen Ort ruhen lassen. Abfiltern, nach Wunsch nochmals aufkochen lassen und abfüllen. Schmeckt besonders gut als Aperitif mit spritzigem Mineralwasser oder Sekt aufgegossen oder auf Eis.

Rosenblütensirup

Zutaten:

- *20 Duftrosenblüten der wohlriechenden Gartenrose*
- *500 ml Wasser*
- *500 ml Rosewein, trocken*
- *500 g Zucker*

Die Blätter von 20 frisch aufgeblühten Rosen abzupfen (möglichst frühmorgens, da ist das Aroma am stärksten) und alles Grüne entfernen. Die Blütenblätter in eine Glasschüssel oder einen Steintopf legen. Rosewein und Wasser darüber schütten und abgedeckt 36 Stunden an einem kühlen Ort ruhen lassen. Durch ein Tuch klar filtern. Den Zucker in das Rosenwasser geben und rühren bis er völlig aufgelöst ist. Dann den Sirup in Flaschen füllen (wer will, kann ihn vorher auch kurz aufkochen lassen). Kühl aufbewahren und mit Mineralwasser „aufspritzen" als Getränk. Über Desserts gießen (schmeckt gut zu Vanille), mit Sekt oder Prosecco als Aperitif servieren. Wer den Sirup auch für Kinder verwenden will, verwendet statt dem Rosewein einen klaren Apfelsaft.

Rotkleeblütensirup

Aus dieser, als Futterpflanze angebauten, aber auch wildwachsenden Pflanze stellen wir einen feinen Sirup her. Rotklee wurde gegen chronischen Husten, Asthma und Koliken verwendet. Frauen in den Wechseljahren werden übrigens unter anderem auch Rotkleeprodukte empfohlen. Rotkleeblüten kann man gut mit Rosenblüten oder Melissenblüten mischen.

Zutaten:

- *400 ml Rotkleeblüten (morgens nach dem Abtrocknen des Taus gepflückt)*
- *500 ml Wasser*
- *400 g Zucker*
- *1 Bio-Zitrone*

Aus dem Wasser und dem Zucker einen Sirup kochen. Vom Feuer nehmen, den lauwarmen Sirup über die Rotkleeblüten in ein Steingutgefäß gießen, die in Scheiben geschnittene Zitrone zugeben. Zugedeckt 3 Tage lang kühl stellen. Abfiltern und abfüllen, evtl. zur längeren Haltbarkeit vorher nochmals kurz bis zum Siedepunkt erhitzen.

Schafgarben-Rosenblüten-Sirup

Besonders für Frauen gut ist dieser feine Sirup. Rosenblüten gleichen den etwas herben Geschmack der Schafgarbe aus, Zitrone verleiht Frische. Die Schafgarbe wirkt entkrampfend (gerade bei Regelschmerzen) und beruhigend auf Magen und Verdauung. Rosenblüten sind für ihre ausgleichende Wirkung bekannt. Schafgarbe verträgt sich im Sirup auch gut mit Holunderblüten, Rotkleeblüten oder Melisse.

Zutaten:

- *2 Handvoll Schafgarbenblüten*
- *2 Handvoll Rosenblütenblätter (nur die zarten Blütenblätter)*
- *Saft von 2 Zitronen*
- *Abrieb 1 Bio-Orange*
- *1 l Wasser oder 500 ml Wasser und 500 ml Apfelsaft klar*
- *1 kg Zucker*

Die Blüten alle ausbreiten, damit sich eventuell darin befindliche Käferchen und Insekten entfernen können. In eine Schüssel schichten.
Wasser und Zucker (oder Wasser, Saft und Zucker) zum Kochen bringen und 5 Minuten lang sprudelnd einkochen. Zitronensaft und Orangenschalenabrieb zugeben, lauwarm abkühlen lassen und über die Blüten gießen. 36-48 Stunden lang an einem kühlen Ort stehen lassen, dann filtern und sofort abfüllen oder, wenn der Sirup länger haltbar sein soll, nochmals kurz aufkochen, bevor man ihn in die Flaschen füllt.

Grüner Sirup aus Kräutern

Kräuter haben ein intensives Aroma, das sich gut in Form von Sirup konservieren lässt. Neben ihren Geschmacksstoffen verfügen sie zumeist über Wirkstoffe, die in irgendeiner Form Einfluss auf unsere Gesundheit haben. Daher werden einige überlieferte Verwendungen bei den Rezepten aufgeführt. Kindern soll man unsere intensiven Kräutersirupe nur in Maßen einschenken.

Bei Erwachsenen sind Mischgetränke aus Kräutersirup und Wasser, Saft oder trockenem Sekt bzw. Wein sehr beliebt. Kocht man Kräutersirup statt mit Wasser oder Saft mit Weiß- oder Rosewein, kann man ebenfalls feine Getränke mixen.

Die frischgrüne Farbe von manchen Sirupen bleibt nur bei dunkler Lagerung erhalten.
Auch das Aroma leidet unter langer Lagerung, darum lieber kleinere Chargen kochen.

Basilikumsirup

Wer mag, mischt verschiedene Basilikumsorten und Tulsikraut für den Sirup miteinander. Basilikumsirup schmeckt besonders gut mit eiskaltem Sekt oder Mineralwasser.

Zutaten:

- *200 g Basilikum, evtl. Rotes Basilikum oder auch Thaibasilikum*
- *1 Zitrone*
- *1 l Wasser*
- *1 kg Zucker*

Wasser, Zucker und Zitronensaft zum Kochen bringen und 5 Minuten lang wallend kochen, abkühlen lassen. Das Basilikum klein hacken und in ein großes Glas füllen. Mit dem abgekühlten Sirup übergießen und 2-3 Tage lang abgedeckt (aber nicht verschlossen) kühl stehen lassen. Absieben, aufkochen und heiß abfüllen.

Gänseblümchensirup

Verwendet wird das ganze Gänseblümchen, daher befindet sich dieses Rezept bei den Kräutern, nicht bei den Blüten. Gänseblümchen regen den Stoffwechsel an und eignen sich daher besonders gut bei der Frühjahrskur.

Zutaten:

- *1 Handvoll ganze Gänseblümchen mit Blättern (ca. 250 ml)*
- *500 ml Wasser*
- *400 g Weißer Kandiszucker*
- *Saft von 1 Limette*

Die Gänseblümchen mit dem kochenden Wasser überbrühen, 15 Minuten ziehen lassen. Abgießen und leicht auspressen, mit dem Kandiszucker zu einem Sirup kochen lassen. Limettensaft dazugeben und noch heiß abfüllen.

Kapillairesirup

Kapillaire bezeichnet man auch als Frauenhaarfarn; er schmeckt nicht nur gut sondern hilft zudem bei Erkältung, Husten und wirkt blutreinigend.

Zutaten:

- *1 Handvoll Kapillairekraut*
- *500 g Zucker*
- *600 ml Wasser*
- *nach Geschmack Zitronensaft*

Das Kraut mit kochendem Wasser übergießen, dann über Nacht ruhen lassen. Den Sud durch ein Tuch oder feines Sieb passieren, den Zucker zufügen und 15 Minuten sanft kochen lassen, so dass der Sirup etwas eindickt. Abschmecken, nach Geschmack die Zitronensaft zugeben. Noch heiß in Flaschen füllen.

Kräutersirup „Apfeldudler"

Zutaten:

- *1 Handvoll Melisse*
- *½ Bund (angewelktes) Waldmeistergrün ohne Blüten Alternativ: Gelber Steinklee, angewelkt*
- *1 Handvoll Pfefferminze*
- *ein paar Blätter Salbei*
- *ein paar Stängelchen Thymian*
- *500 ml Apfel-Direktsaft*
- *500 g Zucker*
- *10 g Zitronensäure*

Die Kräuter waschen, abtropfen lassen und grob hacken, in eine Porzellan- oder Steingutschüssel geben. Aus dem Zucker und dem Apfelsaft einen Sirup kochen, die Zitronensäure zugeben (verändert die Farbe der Kräuter!), noch heiß über die Kräuter gießen. Dann 2 Tage lang kühl stehen lassen, abfiltern, die Kräuter gut ausdrücken. Nochmals kurz vor den Siedepunkt bringen und heiß abfüllen, kühl lagern. Die Zitronensäure verändert meist die Farbe, macht aber den Geschmack etwas frischer und verlängert die Haltbarkeit. Wenn Sie den Sirup nicht allzu lange aufheben möchten, können Sie diese daher auch weglassen. Dieser Kräutersirup lässt sich gut variieren: wer ihn z.B. lieblicher mag, kann auch ein paar Holunderblüten (2-3) mit verarbeiten, oder den Waldmeister weglassen, oder anstelle des Salbei einmal ein paar Erdbeerblatter dazugeben... „Probieren geht über Studieren" sagt man bekanntlich.

TIPP: Meist passen diejenigen Kräuter besonders gut zusammen, die auch in der Natur in einem Verbund nebeneinander wachsen.

Mädesüß-Sirup

Mädesüß wirkt schmerzstillend (enthält Salizylsäure) fiebersenkend, harntreibend und antiseptisch. Die Blüten (als flores spiraeae in der Apotheke erhältlich) duften stark süßlich und nach Bittermandel. Der Tee aus den duftenden Blüten und Blättern soll angewendet werden bei Schmerzen, Rheumaerkrankungen, Gicht, Durchfall, Grippe sowie Blasen- und Nierenleiden. Früher wurde dem Met (Honigwein) angeblich Mädesüßwurzeln beigesetzt. Die Blüten bitte nicht aufkochen! Nicht für Kinder geeignet.

Zutaten:

- *4 Handvoll Mädesüß (Blüten und Blätter)*
- *1,25 l Wasser*
- *1,2 kg Zucker*
- *Saft von 2 Zitronen*

Aus dem Wasser und dem Zucker einen Sirup kochen, noch heiß die Kräuter und den Zitronensaft zugeben. An einem kühlen Ort zugedeckt 1 Tag lang ruhen lassen.
Durch ein Tuch klar filtern. In vorbereitete, saubere Flaschen füllen, kühl und dunkel aufbewahren.

Matesirup

Mate ist koffeinhaltig, daher eignet sich dieser Sirup sehr gut zum Mitnehmen in die Arbeit oder auf Reisen. Einfach heißes oder kaltes Wasser darauf geben (oder auch heiße Milch!), schon ist ein sehr belebender, guter Tee fertig! Nicht für Kinder geeignet.

Zutaten:

- *2 geh. EL Mateblätter*
- *400 g brauner Rohrohrzucker*
- *400 ml Wasser*

Wasser und dem Zucker 10 Min. lang zu einem Sirup einkochen. Vom Herd nehmen, nach 5 Minuten dann die Mateblätter beigeben und 2 (je nach Geschmack auch 3-4, aber nicht länger, sonst wird er sehr bitter) Minuten lang ziehen lassen.

TIPP: Man kann den Sirup auch mit etwas Zitronen- oder Ascorbinsäure säuern, aber nur, wenn man ihn nicht mit Milch trinken möchte, sonst flockt sie aus.

Melissenblättersirup

Melisse beruhigt bei Stress und Nervosität, fördert den Schlaf und hilft oft bei wetterbedingten Kopfschmerzen. Sie soll auch krampflösend wirken bei Störungen des Verdauungsapparates und Menstruationsschmerzen. Schmeckt fein mit Mineralwasser, in Sekt aber auch zum Süßen für Desserts, zum Beispiel aus Erdbeeren.

Zutaten für Melissen-Honig-Sirup:

- *50 g Melissenblätter*
- *1 l Wasser*
- *600 g Honig*
- *500 g Zucker*
- *1 Bio-Zitrone*

Die Melissenblätter verlesen und grob hacken. Mit der abgeriebenen Zitronenschale in eine Schüssel füllen. Mit dem kochenden Wasser überbrühen und über Nacht ziehen lassen. Den Saft dann durch ein feuchtes Tuch pressen. Zucker zugeben und zum Kochen bringen. 10 Minuten sanft köcheln lassen, dann den ausgepressten und gefilterten Saft der Zitrone zugeben. Etwas abkühlen lassen, den Honig darin auflösen. In Flaschen füllen und kühl lagern.

Zutaten für Melissen-Rohrzuckersirup:

- *5-6 Handvoll Melissenblätter (erst direkt vor der Verwendung pflücken!)*
- *1,4 l Wasser*
- *1 kg Rohrzucker*
- *1 Tütchen (7 g) Zitronensäure*

Melissenblätter waschen und mitsamt den Stängeln grob hacken. Mit dem Wasser und dem Zucker in einem Kochtopf zum Kochen bringen. 10 Minuten lang sanft köcheln lassen, vom Herd ziehen und 12 Stunden lang abgedeckt ruhen lassen. Durchpassieren und mit der Zitronensäure zusammen nochmals aufkochen. Noch heiß in die Flaschen füllen.

Pfefferminzsirup

Selbst zubereiteter Pfefferminzsirup hat außer dem Namen kaum etwas gemein mit käuflichen, oft giftgrünen Zuckergemisch. Minze wirkt schmerzlindernd auf die Magenschleimhaut, hilft bei Sodbrennen, Aufstoßen und beruhigt bei Koliken und Krämpfen im Verdauungstrakt. Wir verwenden ihn zum Süßen von Desserts, Bowlen, zum Mixen von Cocktails und zur Herstellung von Eis und Likören. Die Fruchtsäure lässt ihn frischer schmecken. Wunderbarer Durstlöscher im Sommer mit Wasser. Sehr gut über frische Erdbeeren oder mit Whiskey auf Eis („Minzjulep"). Pfefferminzsirup lässt sich auch aus dem getrocknetem Kraut herstellen, dafür die Mengen reduzieren! Testen Sie auch Minzsorten wie Ananasminze, Erdbeerminze etc.

Zutaten für Pfefferminze Pur:

- *2 Handvoll Pfefferminze (so aromatisch wie möglich!)*
- *ca. 0,8 -1 l Wasser*
- *800 g Zucker*

Blätter abwaschen und grob hacken. Mit soviel kochendem Wasser übergießen dass die Blätter gerade bedeckt sind.
5 Minuten lang aufkochen lassen, und 2 Stunden lang zugedeckt ziehen lassen.
Durch ein Tuch seihen, Blätter auspressen, abmessen. 1:1 mit Zucker zum Kochen bringen und köcheln bis der Sirup eindickt. Ist der Sirup noch nicht intensiv genug, ein paar Tropfen reines ätherisches Pfefferminzöl zugeben, abfüllen.

Zutaten für Pfefferminzsirup (Kaltauszug):

- *200 g Minzblätter mit Stängeln*
- *2 l Wasser*
- *2 kg Zucker*
- *1 Bio-Orange*
- *2 Bio-Zitronen*
- *20 g Zitronensäure oder 5 g Vitamin C*
- *ausgekochte Flaschen*

Minzblätter waschen, trocken schütteln, mit den Stängeln fein hacken oder in einem Mixer klein schreddern (nur Blätter ohne braune Stellen verwenden). In einen 5 l Eimer geben. Den Zucker und die Zitronensäure darüber schütten. Die Zitronen und die Orange mit heißem Wasser abwaschen und abtrocknen. In dünne Scheiben schneiden und zugeben. Das Wasser darüber schütten, verrühren. Mit einem Tuch abdecken und an einen schattigen Platz stellen. Zweimal täglich umrühren. Nach 3 Tagen ist der Sirup fertig, der Zucker sollte nun ganz aufgelöst sein. Wenn nicht, solange rühren, bis er ganz gelöst ist (evtl. kann man durch leichtes Erwärmen nachhelfen). Abfiltern, Zitrusscheiben und Blätter auspressen. Abfüllen und kühl lagern; hält sich meistens mehrere Monate.

Salbeisirup

Salbei muss man mögen, um diesen Sirup zu schätzen. Zuständig für den zusammenziehenden Geschmack sind die ätherischen Öle mit 30 % Thujon, außerdem Bitter- und Gerbstoffe und Harze. Salbei ist gut für die Leber, wirkt gegen Husten und Heiserkeit, ist blutreinigend, entschlackend und regt das Wachstum des Gewebes an. Kalt getrunken reguliert Salbei den Nachtschweiß und übermäßiges Schwitzen. Darüber hinaus hellt er die Stimmung auf, beruhigt die erschöpften Nerven und Spannungskopfschmerz, sogar bei Diabetes Typ II soll er hilfreich sein. Also ein sehr vielseitig wirksames, wertvolles Kraut!
Achtung: In der Schwangerschaft soll auf Salbei verzichtet werden, denn er enthält östrogenartige Substanzen. Während des Abstillens kann Salbei jedoch hilfreich sein, da er die hemmend auf die Milchproduktion wirkt.

Zutaten für Salbei Sirup:

- *2 Handvoll Salbeiblätter, frisch*
- *1 Orange (bio, unbehandelt)*
- *900 ml Wasser*
- *1,5 kg Zucker*
- *Saft von 1 Zitrone*

Das Wasser aufkochen und mit dem Zucker 5 Minuten zu einem Sirup einkochen. Den sauberen Salbei klein schneiden. Die Schale der Orange abreiben, die weiße Haut von der übrigen Orange entfernen und das Fruchtfleisch in Stückchen schneiden. Mit dem Salbei und dem Zitronensaft in den Sirup geben und an einem kühlen Ort 24 Stunden lang ziehen lassen. Durch ein Tuch filtern, nochmals bis kurz zum Kochen erhitzen und heiß abfüllen.

Zutaten für Salbei-Ananas-Sirup:

- *2 Handvoll Salbeiblätter, frisch*
- *500 ml Ananas-Direktsaft*
- *500 ml Wasser*
- *Saft von 2 Orangen*
- *1 kg Zucker oder Xylit*

Wasser und Ananas- sowie Orangensaft mit dem Zucker oder Xylit 6 Minuten lang sprudelnd kochen. Salbeiblätter hacken und in ein großes Glas geben. Mit dem etwas abgekühlten Sirup begießen und abgedeckt über Nacht ziehen lassen. Durch ein Tuch filtern, nochmals aufkochen lassen und heiß abfüllen.

Salbei-Wermut-Sirup

Hier handelt es sich um einen Sirup aus herben, etwas bitteren Kräutern, der sicherlich nicht unbedingt jedermann Sache ist. Wer den reinen Kräutergeschmack mag, wird ihn aber ebenfalls lecker finden! Hinzu kommt, dass er sowohl verdauungsfördernd wirkt zum Beispiel nach einem fetten Essen, als auch gegen eine aufkommende Erkältung oder Halsentzündung helfen kann. Für Kinder eignet sich der Sirup aufgrund des Anteils an Wermut nicht.

Zutaten:

- *1 Handvoll Salbeiblätter, frisch*
- *½ Handvoll Wermutkraut, frisch*
- *300 g Zucker*
- *500 g Honig*
- *0,6 l Wasser*
- *1 Zitrone (bio)*

Übergießen Sie die sauberen, kleingeschnittenen Blätter mit kochendem Wasser und schütten Sie nach 3 Minuten den Aufguss weg. Kochen Sie dann einen Sirup aus 0,7 l Wasser und dem Zucker und reiben Sie die Schale der (unbehandelten!) Zitrone ab. Mischen Sie diese mit den Kräutern und geben Sie den Sirup noch kochend heiß darüber. Lassen Sie das Ganze 1 Stunde lang ziehen. Filtern Sie dann den Sirup klar und fügen Sie die ausgepresste Zitrone dazu sowie den Honig. In kleine Flaschen abfüllen.

Teesirup

Dieser feine Sirup schmeckt kalt, aber auch in heißer Milch lecker. Je nach Ziehdauer der Teeblätter können Sie einen beruhigenden (Abend-) Sirup daraus kochen, (5-6 Minuten lang ziehen lassen) oder einen anregenden (Morgen-) Sirup (nicht mehr als 2 Minuten lang ziehen lassen). Ich koche beides auf einmal: Ein Fläschchen fülle ich nach 2 Minuten ab, das andere dann nach 5 Minuten. Unbedingt gleich beschriften, sonst wird es schwierig! Die Sorte und Qualität der Teeblätter entscheidet über den Geschmack – besonders gut eignet sich der warme Malzgeschmack von Assamtee. Wer aromatisierten Tee bevorzugt, sollte darauf achten, dass keine künstlichen Aromen zugesetzt wurden.
Mit Teesirup lässt sich auch schnell mit etwas Zitronensaft (oder anderen Säften, z.B. Pfirsich- oder Ananassaft), kaltem Wasser und eventuell Eiswürfeln ein feiner Eistee herstellen. Der Sirup ist sehr konzentriert, man benötigt also nur sehr wenig (1-2 Teelöffel auf 1 große Tasse).

TIPP: kochen Sie auch mal Sirup aus grünem Tee!

Zutaten:

- *3 EL guter Schwarzer Tee (offen)*
- *500 ml Wasser (möglichst frisch gefiltert, noch besser Quellwasser!)*
- *500 g Zucker*

Kochen Sie aus dem Wasser und dem Zucker im offenen Topf einen Sirup, nehmen Sie den Topf von der Kochstelle und warten Sie bitte 5 Minuten (Sirup ist heißer als Wasser). Dann fügen Sie die Teeblätter zu. Lassen Sie diese 2 Minuten lang ziehen. Den Sirup dann filtern, evtl. abschäumen und noch heiß abfüllen.

Verbenensirup

Die Blätter der aus Chile und Argentinien stammenden Verbene (= Zitronenstrauch) verströmen beim Zerreiben einen starken Geruch nach Zitrone, daher auch der Name. Der Tee wirkt beruhigend und schmerzlindernd bei Darmproblemen, Migräne und nervöser Erschöpfung. Man sollte ihn allerdings nicht im Übermaß trinken, sonst reizt er den Magen. In der Küche können die Blätter auch das Zitronengras ersetzen.
Der Sirup ergibt mit Wasser aufgespritzt ein erfrischendes Sommergetränk, jedoch bitte nicht gerade literweise trinken.

Zutaten für Verbenen-Zitronen-Sirup:

- *50 g frische oder 35 g getrocknete Verbenenblätter*
- *750 ml Wasser*
- *750 g Zucker*
- *1 Bio-Zitrone*

Zitrone heiß abwaschen und abtrocknen. Mit einer Reibe die Schale abreiben, Saft auspressen. Saft und Schale und die Verbenenblätter mit dem Wasser aufkochen, 15 Minuten lang ziehen lassen. Danach abseihen und den Zucker einrühren. 10 Minuten lang leicht kochen lassen bis der Sirup leicht eindickt. Noch heiß abfüllen.

Zutaten für Verbenen-Kräutersirup:

- *30 g Verbenenblätter*
- *30 g Lindenblüten*
- *30 g Pfefferminze*
- *20 g Melisse*
- *1 l Wasser*
- *1 kg Zucker*
- *5 ganze Gewürznelken*

Das Wasser mit dem Zucker in einem Kochtopf vermischen, 10 Minuten zu Sirup einkochen. Die Nelken zugeben, nochmals 5 Minuten leicht kochen lassen, die Kräuter zugeben, aufkochen, dann vom Herd nehmen und 15 Minuten ziehen lassen. Abseihen, abschäumen und noch heiß in Flaschen füllen.

Waldmeistersirup

Waldmeister stets 1 Tag lang anwelken lassen, evtl. auch einfrieren, dann kommt das Aroma stärker heraus. Immer das nicht blühende Kraut verwenden! Vor Überdosierung wird gewarnt, da es durch den Gehalt an Cumarin im Waldmeister zu Übelkeit, Schwindelanfällen und Erbrechen kommen kann. Allerdings müsste man den Sirup dafür schon in recht großen Mengen zu sich nehmen.

Zutaten für Waldmeister-Zitronen-Sirup:

- *1 l Wasser*
- *1 kg Zucker*
- *1 Bund angewelkter Waldmeister (etwa 30 g)*
- *3 unbehandelte Zitronen (verändern den Geschmack!)*

Zucker mit dem Wasser in einem Topf zu einem Sirup kochen, abkühlen lassen. Die Zitronen abwaschen und abtrocknen, in Scheiben schneiden und mit dem gewaschenen Waldmeister und dem Sirup vermischen. Zugedeckt an einem kühlen Ort 1 Tag lang ruhen lassen, dann absieben und den Sirup nochmals kurz aufkochen und abschäumen. In Flaschen abfüllen, kühl aufbewahren.

Zutaten für Waldmeistersirup Pur:

- *500 g Zucker*
- *0,5 l Wasser*
- *1 Bund angewelkter Waldmeister.*

Der Zucker wird im Wasser aufgelöst und aufgekocht, bis er vollständig aufgelöst ist. Dann das Waldmeisterkraut zugeben und alles 40 Minuten lang ziehen lassen (Herd ausschalten). Den Waldmeistersirup durch ein Sieb schütten, abfüllen und am besten im Kühlschrank aufbewahren.

Zutaten für Waldmeister-Apfel-Sirup:

- *1 l Apfel-Direktsaft (ungezuckert)*
- *1 Bund Waldmeister (angewelkt)*
- *1 kg brauner Rohrzucker*

Waldmeister 40 Minuten lang in den angewärmten Apfelsaft legen, abseihen. Diesen Kräutersaft mit dem Zucker erhitzen und 10 Minuten lang einkochen. Abschäumen, noch heiß in Flaschen füllen.

Kräftiger Sirup aus Gewürzen

Gewürzsirup ist vielseitig, verfeinert neben heißen und kalten Getränken auch Cocktails, Eis, Desserts, Kuchen, Plätzchen, Marmeladen, Saucen, Salate...

Da Gewürze das ganze Jahr über in der Küche verfügbar sind, kann man sie immer und auch nach Bedarf zubereiten. Eine lange Bevorratung ist daher nicht sinnvoll, aber als Geschenk sind sie immer gerne gesehen.

TIPP: Testen Sie unbedingt den Chaisirup in heißer Milch oder Glühweinsirup in heißem Tee (oder auch Wein)!

Anissirup

Dieses Rezept ist zum Mixen gedacht für Cocktails, auch mit Mineralwasser oder Bitter Lemon aufgespritzt, oder als Schlaftrank mit Milch. Wer mag, kocht noch 1 Vanilleschote mit.

Zutaten:

- *3 EL Anissamen*
- *2 Sternanis*
- *2 Tassen Wasser*
- *2 Tassen Zucker (nach Geschmack auch Rohrohrzucker)*

Beide Anissorten zerstoßenen, mit dem Wasser aufkochen, 3 Minuten sprudeln lassen. 30 Minuten lang abgedeckt ziehen lassen, dann abseihen. Diesen Absud mit dem Zucker 10 Minuten lang leicht köchelnd zu einem Sirup verarbeiten, heiß in Flaschen füllen.

Bitterer-Gewürzsirup

Chinarinde fördert die Verdauung und regt den Appetit an. Daher wird sie für sogenannte Bitterliköre, Magenbitter und Bittersirup verwendet. Man konsumiert diese meiste vor dem Essen. Dieser Sirup wird zum Mixen von Cocktails oder „aufgespritzt" verwendet.

ACHTUNG: Chinarinde kann Allergien und Hautausschläge verursachen, besonders bei längerem Gebrauch kann sie gesundheitliche Probleme hervorrufen. Auf keinen Fall soll Chinarinde von Schwangeren konsumiert werden aufgrund ihrer entkrampfenden Wirkung!

Zutaten:

- *1 EL Zitronenschale*
- *1 EL Bitterorangenschale*
- *1 EL Angelikawurzel*
- *½ Zimtstange*
- *2 Pimentkörner, zerstoßen*
- *4 Gewürznelken*
- *400 ml Wasser*
- *350 g Zucker*
- *10 g Chinarinde, geschnitten*

Die Gewürze mit dem Wasser und dem Zucker in einem Kochtopf zum Kochen bringen und 10 Minuten lang sanft sprudelnd kochen. Vom Herd nehmen und jetzt erst die Chinarinde zugeben. 5 Minuten lang abgedeckt ziehen lassen (nicht länger!) und absieben. Noch heiß abfüllen.

Glühweinsirup

In heißem Wein, Fruchtsaft oder Tee ist dieser Sirup ein echter Genuss! Wer ihn auch in einer alkoholfreien Variante kochen will, ersetzt den Rotwein durch roten Traubensaft, Apfelsaft oder Wasser. Statt Rotwein kann man auch Weißwein oder Apfelwein verwenden.

Zutaten:

- *10 Gewürznelken*
- *1 Zimtstange*
- *2 Sternanis*
- *3 Pimentkörner*
- *1 Langer Pfeffer*
- *1 EL Zitronenschale*
- *1 EL Orangenschale*
- *1 l Rotwein, trocken*
- *800 g Zucker*

Gewürze im Mörser oder Mixer schroten. Mit dem Rotwein und dem Zucker zum Kochen bringen und 10 Minuten lang sprudelnd einkochen. Herd ausschalten und 30 Minuten lang ziehen lassen. Absieben und abfüllen.

Chaisirup

Zutaten für 350 ml Sirup:

- *300 g brauner Kandis*
- *5 Stangen Zimt*
- *2 Sternanise*
- *8 Gewürznelken*
- *500 ml Wasser*

Den Kandis in einem offenen Topf mit den Gewürzen zusammen im Wasser etwa 20 Minuten lang köcheln lassen. Danach durch einen Kaffeefilter abseihen und noch möglichst heiß in eine Flasche abfüllen, dunkel und kühl aufbewahren.

Honiggetränk

Zutaten:

- *250 g Honig*
- *2 Zitronen*
- *1 Orange*

Den Honig mit dem Saft der ausgepressten Zitrusfrüchte vermischen. Zum Trinken dann mit Wasser mischen nach Geschmack. Innerhalb von 1 Woche aufbrauchen, bitte im Kühlschrank aufbewahren.

Ingwer-Zitronen-Sirup

Zutaten:

- *50 g Ingwer*
- *2 Bio-Zitronen*
- *300 g Zucker*
- *400 ml Wasser*

Ingwer schälen und zerkleinern. Zitronen heiß abwaschen und abtrocknen. Die Schale mit einer Reibe oder einem Zestenreißer abziehen, Saft auspressen. Ingwer, Zucker, Wasser, Zitronenschale und -saft in einem kleinen Kochtopf zum Kochen bringen und 10 Minuten lang wallend kochen. Herd ausschalten und je nach gewünschter Intensität 2-24 Stunden lang stehen lassen (sobald er abgekühlt ist, abdecken). Danach abfiltern und abfüllen.

Kaffee-Wachmacher-Sirup

Dieser leckere Kaffeesirup eignet sich sehr gut zur Bereitung von Eiskaffee und Desserts.

Zutaten:

- *400 ml starker Kaffee*
- *300 g weißer Zucker*

Lassen Sie den frisch gebrühten Kaffee (er darf ruhig dreimal so stark sein wie gewöhnlich oder auch Espresso) mit dem Zucker 20 Minuten lang zu einem Sirup einkochen. Bei Bedarf (Urlaub, Camping, Autofahrt, Büro) dann 1 EL Sirup in einer Tasse mit heißer Milch oder Wasser auffüllen – das macht munter!

Kaffee-Gewürz-Sirup

Zutaten:

- *400 ml starker Kaffee*
- *300 g weißer Zucker*
- *1 Vanilleschote, aufgeschlitzt*
- *1 Zimtstange*
- *2 Kapseln Kardamom, gemörsert*

Lassen Sie den frisch gebrühten Kaffee (wie oben) mit dem Zucker und zusätzlich den Gewürzen 20 Minuten lang zu einem Sirup einkochen. Die Gewürze verleihen diesem Sirup eine extravagante Note. Er schmeckt besonders gut mit heißer Milch oder Pflanzenmilch.

Rotwein-Chili-Sirup

Verwenden Sie diesen aromatisch-scharfen Sirup zum Mixen von „heißen" Getränken, über süße Desserts. Benutzen Sie ihn zum Marinieren von Grillfleisch und Braten (Wild, Rind) oder zum Verfeinern der Saucen. Er ist schnell gekocht und gut haltbar.

Zutaten:

- *250 ml Rotwein, trocken*
- *200 g Zucker*
- *2 kleine Chilischoten, getrocknet*

Geben Sie den Rotwein in einen Kochtopf, zerreiben die Chilischoten leicht zwischen den Fingern und geben diese dazu. Das Ganze nun zum Kochen bringen und den Zucker hineingeben. Gut 5 Minuten lang unter Rühren einkochen. Den Sirup dann durch ein Sieb in eine gespülte Flasche (Trichter aufsetzen) und verschließen. Ergibt etwa 250 ml Sirup.

Vanillesirup

Dieser Sirup für Vanilleliebhaber eignet sich hervorragend für die Herstellung von Eis und Desserts. Echte Vanille ist zwar teuer, aber nur damit wird es eben auch ein richtiger, aromatischer Vanillesirup.

Zutaten:

- *800 g Kandis, weiß*
- *1 l Wasser*
- *3 Vanilleschoten (Madagaskar oder Tahiti)*

Die Vanilleschoten längs aufschlitzen, das Mark mit dem Messer herauskratzen. Zusammen mit den halbierten Schoten, Kandis und dem Wasser in einen Topf geben und aufkochen lassen. 20 Minuten köcheln, dabei oft rühren. Abkühlen lassen, dann erst die Vanilleschoten entfernen. Durch ein feines Sieb gießen, wenn das Mark heraus soll. Heiß in die vorbereiteten Flaschen füllen.

Zimtsirup

Eignet sich gut als Dessertsauce oder zum Süßen für Tee und Kaffee (nicht nur in der Winterzeit!). Ebenso zum Füllen von Krapfen, zu Crepes oder French Toast, in Drinks oder für eine leckere heiße Zimtmilch. Zimt soll glücklich machen und Depressionen vertreiben. Daher wird er wohl auch besonders oft in der Winterzeit verwendet.

Zutaten für Zimtsirup mit Kardamom und Schwarztee:

- *3 Kardamom-Kapseln*
- *200 g Zucker*
- *1 TL Schwarzer Tee*
- *3 Stangen Zimt*
- *400 ml Wasser*

Die Kardamomkapseln in einen Topf geben, zerdrücken. Das Wasser, Zucker, und die Zimtstange zugeben, zum Kochen bringen. Ohne Deckel 200 ml reduzieren lassen, den Schwarzen Tee zugeben und 2 Minuten lang ziehen lassen. Eventuell entstandenen Schaum abschöpfen, durch ein Sieb gießen und heiß abfüllen.

Zutaten für Zimtsirup super:

- *250 g Zucker*
- *500 ml Wasser*
- *4 Zimtstangen (zerbrochen)*

Alles zusammen sanft köcheln lassen, bis die Flüssigkeit auf etwa die Hälfte reduziert ist. Abschäumen, durchfiltern und heiß abfüllen.

Zitronen-Gewürz-Sirup

Dieser Sirup schmeckt besonders gut in heißen Getränken und während der kalten Jahreszeit, aber auch im Aperitif oder über Eiscreme.

Zutaten:

- *2 Bio-Zitronen*
- *6-7 Zitronen*
- *350 g Zucker*
- *1 Zimtstange*
- *5 Nelken*
- *1 Vanilleschote*

Zitronen abwaschen, trocknen und die Schale mit einem Zestenreißer oder einer Reibe abziehen. Mit 2 EL Zucker mischen und 1 Stunde lang durchziehen lassen.
Die Vanilleschote der Länge nach aufschlitzen, das Mark heraus kratzen. Die geschälten Zitronen auspressen, ebenso die restlichen Zitronen. Benötigt werden 300 ml Zitronensaft. Diesen mit dem Zucker, den Gewürzen und dem Mark und der Schote der Vanille zusammen zum Kochen bringen und 5 Minuten lang köcheln. Vom Herd nehmen und den Zitronenschalenzucker einrühren. 10 Minuten lang ziehen lassen, dann absieben und abfüllen.

ALPHABETISCHES REZEPTVERZEICHNIS